# メタ認知で
# 〈学ぶ力〉
# を高める

## 認知心理学が解き明かす効果的学習法

三宮真智子 著
Machiko Sannomiya

北大路書房

# はじめに

　この本は，学ぶことや教えることに関心をもつ方々に向けて書いたものです。情報が飛躍的に増え，知識の更新が加速する現在，私たちは，たぶん一生学び続ける必要があるでしょう。入学試験や就職試験，各種資格試験に合格するという目的もさることながら，毎日の仕事や家庭生活をよりよいものにするためにも，趣味を充実させるためにも，学ぶべきことはたくさんあります。年齢に関係なく，学び続けることは生活の張りにもつながるでしょう。学びは本来，楽しくやりがいのあるものです。

　しかし一方で，できるだけ効果的に効率よく学びたいと思っている人も多いはずです。なぜなら，学習に使える時間が限られているからです。私たちの日々の生活には，学習以外にも，やらなければならないことがたくさんあります。そして多くの人は，できれば苦しまずに楽しく学びたいと思っているでしょう。なぜなら，どんなことでも，苦しいよりは楽しいほうが長続きするからです。

　この本を手にとって下さったあなたは，たぶん自分なりのやり方で勉強法を工夫していることでしょう。夜寝る前にまとめて暗記する，朝の気分爽快な状態で問題集に取り組む，通学・通勤時間を活用してスマホやタブレットで勉強する，などなど。どれもよい方法です。そうした個人的な努力や工夫が大切なことは，いうまでもありません。

　ただ，個人的に考え出した方法の中には，必ずしも適切とはいえないものが含まれていることもあります。せっかくの心がけや努力の方向が少しずれているために，思うように成果が上がらない場合もあるのです。あるいはまた，「自分なりの方法」に今一つ自信がもてない場合もあるでしょう。

　そこでこの際，学習について体系的に学び，さまざまな学習法にはどのような裏づけがあるのかを確かめてみませんか？　学習のメカニズムをきちんと理解し，理論に裏打ちされた学習法を身につけることができたなら，それは一生使える財産となり，あなたの自己実現を助ける強力なツールとなるでしょう。

　認知心理学をはじめとする心理学の知見には，学習に役立つものがたくさんあります。その中には，あまり一般には知られていない情報もあります。私は，

はじめに

心理学を学んで本当によかったと思っていますが，それは，ただちに自分の学習に役立てることができるからです。知っているのと知らないのとでは，大違い。実りの少ない苦しい努力を延々と続けるよりも，心理学，とりわけ認知心理学の知識を味方につけて，楽しくやりがいのある努力を始めませんか？

　そしてこれらは，学習者だけではなく，自律的な学習者を育てるべく教育に携わっておられる方々にも，ぜひ知っておいていただきたいことなのです。

　ここで大きなキーワードとなるものが，「メタ認知」です。学習者にとってメタ認知とは，自分の学びを一段高い所から俯瞰し，よりよい方向に導いていくことを意味します。学習に対して主体的に取り組み，効果的な方法を追求するためには，自分の学びを客観的に見つめ直す必要があります。習慣や惰性に流されず，感情や気分に左右されず，冷静に学習者としての自分を観察すること，学習そのものにとって必要なベーシックな知識を身につけて十分に活用できるよう自分を方向づけること，そうしたメタ認知に熟達することは，自律的・能動的な学びにつながります。

　本書は，よりよい学習法や教授法に関心があり，はじめてメタ認知を学ぶ読者，あるいはメタ認知という言葉は知っているけれども，十分には理解できていない読者を主な対象としています。メタ認知への理解を深め，あなた自身の，またはあなたが教える相手の学習に活かしていただくことを目的としています。記憶や理解といった認知的な側面のみならず，感情や動機づけ，行動といった非認知的な側面についても，メタ認知という観点から，改めて見直してみることを提案しています。第1部では，メタ認知に関わる基本的な内容を概観し，第2部では，学習について知っておきたいメタ認知的知識を紹介しています。学ぶこと，そして教えることを，より実りあるものにしていくお手伝いができればと願っています。

　最後になりましたが，本書の企画・出版にあたってお世話になりました北大路書房の奥野浩之様および黒木結花様に，心より感謝いたします。

　2018年7月

三宮　真智子

# 目次

はじめに　3

## 第1部　メタ認知を理解するための20のトピック

Topic 1　認知とは何か，メタとはどういう意味か　12
Topic 2　メタ認知とは何か　14
Topic 3　メタ認知的知識とは何か　16
Topic 4　メタ認知的活動とは何か　20
Topic 5　メタ認知という言葉が使われるようになった背景　24
Topic 6　記憶関連のメタ認知（メタ記憶）の発達　26
Topic 7　理解関連のメタ認知（メタ理解）の発達　28
Topic 8　「視点取得」とメタ認知　30
Topic 9　「心の理論」とメタ認知　32
Topic 10　学習に困難を抱える子どもの支援とメタ認知　36
Topic 11　協同学習における他者とのやりとりとメタ認知　40
Topic 12　学習における加齢の影響とメタ認知　44
Topic 13　メタ認知が働かなくなる場合　46
Topic 14　「不明確な問題」が要求するメタ認知　48
Topic 15　メタ認知を司る脳の部位　50
Topic 16　自己調整学習とメタ認知　52
Topic 17　頭のよさ（知能）とメタ認知　56
Topic 18　意欲（動機づけ）とメタ認知　60

5

目　次

Topic 19　感情とメタ認知　64
Topic 20　メタ認知の問題点・留意点　68

# 第2部　メタ認知的知識を学習と教育に活かす

## Section 1　意識・注意・知覚編 ……………………………… 73

● 睡眠をとることが頭の働きをよくする　74
● 睡眠中にも学習は進む　75
● 意識せずに学習できることがある　76
● 学習やテストに適した緊張感（覚醒レベル）がある　77
● カフェインの覚醒効果を濫用することは危険　78
● 音楽で覚醒レベルをコントロールできる　79
● 注意を向けなければ，見れども見えず聞けども聞こえず　80
● 頭を休めている間に解決策がひらめく　81
● 努力せずに長時間，没頭できる状態がある　82
● ノートの情報をグループ化しておくとすばやく関連づけられる　83
● アンダーラインの活用で重要な点が一目でわかる　84

## Section 2　知識獲得・理解編 ……………………………… 85

● 一度に記憶できる範囲は限られている　86
● 最初と最後に学習したことは忘れにくい　87
● 情報を目立たせると記憶に残りやすくなる　88
● 知識はネットワークの形で蓄えられている　89
● 覚えたい内容に対して深いレベルの処理をすると忘れにくい　90
● 自分に関連づけると覚えやすい（精緻化1）　91

- 自分で考えたことや自分で選んだことは覚えやすい（精緻化2）　92
- テキストの内容をイラストで表すと覚えやすい（精緻化3）　93
- 語呂合わせをすると数字を覚えやすい（精緻化4）　94
- バラバラの記号や単語などはストーリーにすると覚えやすい（精緻化5）　95
- 環境手がかりを利用すると覚えたことを思い出しやすい　96
- 視覚情報を言語化すると記憶が歪む場合がある　97
- コンセプトマップを描くことが理解・記憶を促す　98
- これから学ぶ内容のテーマや要約を先に見ておくと理解しやすくなる　99
- テキスト学習には，「SQ3R法」を取り入れると理解・記憶を促す　100
- テキストを読みながら聞かされると理解・記憶が妨げられる場合がある　101
- 習熟度が低い場合には，パフォーマンスの自己評価はあてにならない　102
- テストは記憶の定着を促す　103

## Section 3　思考・判断・問題解決編　105

- 思い込みが創造的問題解決を妨げる　106
- 習熟による「慣れ」がよりよい問題解決を妨げることがある　107
- 命題論理では「真か偽か」の判断をまちがえやすい　108
- 三段論法では結論のもっともらしさに惑わされる　109
- 事例の思い出しやすさに惑わされる　110
- 最初に目に飛び込んだ数字に惑わされる　111
- 「偶然」には気づきにくい　112
- 仮説は修正されにくい　113
- カバーストーリーに惑わされると問題の本質が見えなくなる　114
- 質問の仕方が答を誘導する　115
- 代表値の用い方で判断が変わってくる　116
- 因果推理は短絡的になりやすい　117
- アイデアの量と質とは比例する　118
- 「創造性は特殊な才能」という考えが創造的思考を邪魔する　119
- 粘り強く考えると，よいアイデアが出る　120

目　次

● アイデアをどんどん外化することが発想を促す　121

## Section 4　意欲・感情編 ················································· 123

● 「この学習は自分に役立つ」ととらえることが意欲を高める　124
● 「自分にはできる」と考えると，やる気が出る　125
● 難しすぎず易しすぎない課題には最もやる気が出る　126
● 外発から内発へと，意欲（動機づけ）には段階がある　127
● がんばってもうまくいかないことを何度も経験するとやる気を失う　128
● 好きで学習していることにご褒美を出されると，逆にやる気がなくなる　129
● 学習の成果は自分次第であると考えると学習意欲が高まる　130
● 自分で選べるという感覚がやる気を高める　131
● 評価ばかりを気にすると学習における新たな挑戦意欲が低下する　132
● 過度にがんばりすぎると，その後しばらく自制心が働かなくなる　133
● 自分が学習の主体だと感じれば学習者は能動的になる　134
● 多少苦手な科目も頻繁に接していると親しみが湧く　135
● 気分がよいと発想が豊かになる　136
● テスト不安はテスト成績を低下させる　137
● 楽観的な気持ちで臨むと学習もうまくいく　138
● ネガティブな感情は書き出すことで和らぐ　139

## Section 5　他者との協働・コミュニケーション編 ················ 141

● 他者に教える（説明する）ことは理解を促進する　142
● 他者との自由なやりとりは創造的思考を促す　143
● あいづちとうなずきがアイデアを引き出す　144
● 他者の考えに触れることが発想力を高める　145
● 頻繁な発話交替が問題解決のアイデアを出しやすくする　146
● 個人思考と協同思考をうまく使い分けることが大切　147
● 討論は複眼的なものの見方を助ける　148

目 次

● 討論でものごとを決める場合，思慮が浅くなることがある　149

● 討論では同調圧力が生じることがある　150

● グループワークで社会的手抜きが生じることがある　151


**Section 6　行動・環境・時間管理編** ……………………………………… 153

● 自分で自分を条件づけて学習行動を引き出すことができる　154

● 他の人が学ぶ様子を見ることは学習行動を促す　155

● 大変そうな学習も少しずつに分ければ楽にできる　156

● とりあえず学習を始めれば，そのまま続けられる　157

● 机が散らかっていると作業効率が落ちる　158

● 物理的な学習環境が学習効率を左右する　159

● 学習計画がうまくいくためには，すべきことと所要時間の可視化が必要　160

● 環境を変えれば学習行動が変わる　161


引用文献　163

索　引　170

第 1 部

# メタ認知を理解するための 20 のトピック

　第 1 部では，まず，メタ認知という概念への理解を深めるために，メタ認知を学ぶ際に押さえておきたい 20 のトピックをとり上げ，解説していくことにします。これらは実際に，筆者の大学での講義や学外の講演で受講者から出されることの多い質問に関連したものです。

　20 のトピックについては，関心のあるところから読んでいただくこともできます。好きな順序で読み進めていくことで，メタ認知への理解が少しずつ深まるのではないかと期待しています。また，メタ認知と関係の深い概念も意識的に紹介するようにしていますので，同時に関連概念も学んでいただけるのではないかと思います。

# Topic 1

# 認知とは何か，メタとはどういう意味か

　まず，基本的な概念を確認しておきましょう。「認知」という語から，「認知症」（略して「認知」と呼ばれることがあります）や「（父親が自分の子として）子どもを認知する」などを最初に思い浮かべてしまう人も少なくないでしょう。

　しかし，心理学でいうところの認知（cognition）は，見る，聞く，書く，読む，話す，記憶する，思い出す，理解する，考えるなど，頭を働かせること全般を指します。つまり認知は，私たちが，朝起きてから寝るまで，ほぼ一日中行っていることです。

　古くは，cognitionに対して「認識」という訳語が当てられていました。現在では認知心理学と訳されるcognitive psychologyを「認識心理学」と訳している本もあります。同様に，「メタ認知」が「メタ認識」と訳されている場合もありますが，両者は同じ意味です。

　次に，「メタ」という語ですが，これは，ギリシア語に由来する接頭語であり，「～の後の」「高次の」「より上位の」「超」「～についての」などという意味を表します。

　「メタ」を冠する語でよく出てくるものとしては，たとえば，メタ分析（metaanalysis）があります。メタ分析とは，複数の研究の結果を統合・検討することによって，より高い見地から分析すること，つまり，「分析についての分析」を意味します。統計的分析のなされた複数の研究を集めて，さまざまな角度からそれらを統合したり比較したりする分析法です。

　また，メタデータ（metadata）は，「データについてのデータ」という意味であり，あるデータが付随してもつ，そのデータ自体についての付加的なデータを指します。たとえば，書籍（これもデータととらえることができます）の

Topic 1 認知とは何か，メタとはどういう意味か

メタデータとしては，タイトル，著者，発刊年，出版社などがあげられます。

　メタ言語（metalanguage）という語も耳にしますが，これも，「言語についての言語」すなわちある言葉を意識化してとらえた言葉を意味します。たとえば，「'認知'には複数の意味がある」といった文がこれに当たります。

　本書のメインテーマである「メタ認知」は「認知についての認知」であり，あらゆる認知活動について想定することができます。研究が最も進んでいるのは記憶関連のメタ認知であり，これをメタ記憶と呼びます。たとえば，何かを覚える，思い出すといった活動は認知のレベルですが，「どのように覚えたら忘れにくいか」「覚えたことを思い出せそうか」などと考えるのはメタ認知のレベルです。メタ理解は，「どのような順序で学ぶと理解しやすいか」「私はテキストの内容を理解できているか」といった思考や，理解に関連する知識です。

　学ぶこと，つまり学習に関しては，メタ学習（metalearning）という概念があり，学習をさらに一段上からとらえた思考や知識を指します。たとえば「どうすればよりよく学べるか」と考えることや，それについての知識などです。本書で扱う内容は，まさにこのメタ学習です。

　これまで述べてきたことから，「メタ○○」は，メタ分析やメタデータ，メタ言語のように「○○についての○○」という意味になる場合と，メタ記憶，メタ理解，メタ学習のように「○○についての（さらに一段上からの）認知」という意味になる場合があることがわかります。ややこしいと感じる人も多いでしょうが，ひとまずは，このように理解しておいてください。本書を読み進むにつれて，具体例からメタ認知の輪郭が少しずつ明らかになることを期待しています。

　ところで最近，この「メタ」という言葉をあちこちで見かけます。メタSF（メタ・サイエンスフィクション）という語はすでに定着していますが，この場合は，フィクションの世界にそのフィクションの書き手や読み手が登場してくるような物語という意味で用いられています。

　このように，「メタ」は多様な意味で用いられますので，意味解釈には注意が必要です。

# Topic 2
# メタ認知とは何か

　メタ認知という言葉を目にすることが増えましたが，この言葉の意味するものは何でしょうか。授業でメタ認知について教える前に，学生に聞いてみました。
　「メタ認知ってどんな意味だと思いますか？」
　すると，
　「ものごとを客観的にとらえて考えること」
　「自分でも相手でもない第三者的な視点からの認知のことでしょうか？」
　「認知に対する認知って聞いたことがあるけど，実は自覚とどう違うのか，わかりません」
　など，まちがってはいないものの漠然としたイメージをもっているにすぎないことがわかります。
　少し具体的な答としては，次のようなものがあります。
　「誰かとケンカしたり，もめたりした時，自分の言い分と相手の言い分のどちらが正当か，また，どの点がもっともらしいかを，改めて考え直す。簡単にいえば，頭を冷やして落ち着いて考えることかなと思います」
　これは，かなり的を射ています。
　メタ認知と聞くと，一般には，何やら高尚で難しそうなもの，という印象をもつことが多いようです。しかし同時にまた，何か重要なもの，知っておいたほうがよい，役に立ちそうな概念，という期待を感じさせるものでもあるようです。さて，メタ認知の心理学的な意味は何でしょうか。
　メタ認知（metacognition）とは，一言でいってしまえば，認知についての認知です。つまり，自分自身や他者の行う認知活動を意識化して，もう一段上からとらえることを意味します。いわば，頭の中にいて，冷静で客観的な判断を

してくれるもうひとりの自分のようなものです。

　メタ認知という言葉は1970年代に発達心理学者のジョン・フレイヴェルが使い始め，続いてアン・ブラウンが使うようになりました。彼らの研究では，幼い子どもたちはまだメタ認知を働かせることができず，年齢とともにメタ認知的能力が発達していくことが示されています。

　メタ認知の中には，知識の成分と活動（もしくは意識経験）の成分が含まれます。たとえば，私たちは，「何かを小学生に説明する時には，大人相手と同じ説明では通用しない」ということを知っています。このような知識は，「太陽は東から昇る」といった知識とは別種のものであり，私たちの認知についての知識です。これをメタ認知的知識と呼びます。他にも「私たちは判断を誤ることがある」というメタ認知的知識は多くの人がもっており，この知識があるからこそ，重要な意思決定を行う際には慎重になったり，他の人の意見も聞いて参考にするといった行動がとれるのです。

　私たちはまた，「あの人の名前を思い出せない」「突然よい考えがひらめいた」などの認知的な気づきを経験することがあります。また，「予備知識のない人にもわかるように伝えよう」「説明で用いる例を変えてみよう」といった，認知活動の目標設定や修正を行うこともあります。これらは，知識ではなく，活動成分であるため，メタ認知的活動（あるいはメタ認知的経験）と呼ばれます。

　メタ認知的知識およびメタ認知的活動については，Topic 3，Topic 4でもう少し詳しく説明しますが，その概略を示すと，次の図1-1のようになります。

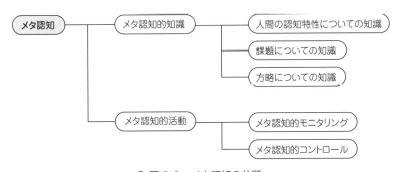

● 図1-1　メタ認知の分類

## Topic 3
# メタ認知的知識とは何か

　メタ認知という言葉を使い始めたフレイヴェルは，もともとメタ認知的知識を，大きく以下のように分けました (Flavell, 1987)。
・「人変数」(person variables) に関する知識
・「課題変数」(task variables) に関する知識
・「方略変数」(strategy variables) に関する知識
　これらをわかりやすくいうと，メタ認知的知識は次の3つの要素に分かれるということです。
①人間の認知特性についての知識
②課題についての知識
③課題解決の方略についての知識
　これら3つのメタ認知的知識について，例を交えながら説明しましょう。

### ● 人間の認知特性についての知識

　まず，①の人間の認知特性についての知識です。これは，私たち人間が本来備えている，一般的な認知の特性についての知識です。たとえば，「一度に多くのことを言われても覚えられない」「新しい事柄を学ぶ際には，すでに知っていることと結びつけながら理解する」などがこれに相当します。驚くべき記憶力の持ち主など，例外的な人もいますが，多くの人に当てはまるのが，この人間の認知特性についての知識です。他には，「思考は感情に左右されやすい」といった知識もその例といえます。
　また，人間の認知特性についての知識の中には，自分自身の認知特性についての知識が含まれます。人によって，認知の仕方や得意不得意などが若干異な

りますから，この自分自身の認知特性についての知識は，自分にのみ当てはまるものです。たとえば，「私は論理的思考が苦手だ」といった知識がこれに当たります。

さらに，人間の認知特性についての知識の中には，他者の認知特性についての知識も含まれます。たとえば，「Aさんは受け手を意識した説明の仕方を工夫している」「Bさんは創造的なものの見方をする」「Cさんは早とちりをする」などです。他者の認知特性についての知識は，他者とコミュニケーションをする時，とりわけ協力し合って一緒に課題を遂行する協働場面で役立ちます。互いに相手の認知特性を把握できていれば，相手の強みを活かし，弱い部分を補うといったことが可能になるからです。さらに，他者の認知特性についての知識が不可欠であるのは，教師が学習者を指導する時です。教師が「Cさんは何だかよくまちがえるな」と漠然と感じているだけでは対策を講じにくいでしょう。しかし，「Cさんは早とちりをする」（本当はまだわかっていないのに，早合点をしてわかったつもりになり，結果的にまちがえてしまう）ということがわかれば，そのことをCさんに気づかせるような指導を行うこともできるでしょう。

## ● 課題についての知識

②の課題についての知識は，「繰り上がりのある足し算は，繰り上がりのない足し算よりもまちがえやすい」「抽象的な議論は具体的な議論よりも，論点が曖昧になりやすい」といった，課題の性質に関する知識を指します。その課題が何を要求しているのか（その課題の本質は何なのか）を知っていれば，課題に対して慎重な対応をとることが容易になります。

## ● 課題解決の方略についての知識

③の課題解決の方略についての知識は，「計算ミスを防ぐには，検算が役立つ」「ある事柄についての思考を深めるには，文章化してみるとよい」といった，方略つまり課題をよりよく遂行するための工夫に関する知識を指します。課題解決の方略についての知識を豊富にもち，これを実際に活用することによって，

第1部　メタ認知を理解するための 20 のトピック

課題遂行のレベルを高めることができます。しかし，ここで気をつけたいのは，人間の認知特性についての知識および課題についての知識をもっていてこそ，課題解決の方略についての知識が活かされるという点です。というのも，人間，とりわけ自分の認知特性や課題の本質を理解していなければ，方略だけを手っ取り早く覚えたとしても，それは「小手先の知識」でしかなく，実際にはそれほど役に立たないと考えられるからです。つまり，「なぜその方略が有効なのか」を十分に理解してこそ，必要な場面で役立つ方略を自ら選び出し，有効活用することが可能になるのです。

メタ認知的知識の区分と具体例を表 1-1 にまとめておきます。

また，③の課題解決の方略についての知識はさらに，宣言的知識（どのような方略か），手続き的知識（その方略はどう使うのか），条件的知識（その方略はいつ使うのか，なぜ使うのか）に分けてとらえることができます (Schraw & Moshman, 1995)。

たとえば，「ノートをとる」ということについて，具体例を考えてみましょう（表 1-2 参照）。「授業で学ぶ内容を理解・記憶するためには，ノートをとるとよい」というノートテイキング方略を知っていたとしても，「ノートをどのように，いつとればよいのか，ノートをとることがなぜよいのか」がわからな

● 表 1-1　メタ認知的知識の区分と具体例

| メタ認知的知識の区分 | 具体例 |
| --- | --- |
| ①人間の認知特性についての知識 | 「思考は感情に左右されやすい」<br>「私は論理的思考が苦手だ」<br>「Ａさんは受け手を意識した説明の仕方を工夫している」 |
| ②課題についての知識 | 「繰り上がりのある足し算は，繰り上がりのない足し算よりもまちがえやすい」<br>「抽象的な議論は具体的な議論よりも，論点が曖昧になりやすい」 |
| ③課題解決の方略についての知識 | 「計算ミスを防ぐには，検算が役立つ」<br>「ある事柄についての思考を深めるには，文章化してみるとよい」 |

Topic 3　メタ認知的知識とは何か

● 表 1-2　方略についての知識の区分と具体例（ノートテイキングの場合）

| 方略についての知識の区分 | 具体例 |
| --- | --- |
| ①宣言的知識 | 「授業で学ぶ内容を理解・記憶するためには，ノートをとるとよい」 |
| ②手続き的知識 | 「ノートをとる際には，先生の話をそのまま書かず，要点を自分の言葉でまとめ直して書く」 |
| ③条件的知識 | 「自分の知らなかった内容が話された時に，ノートをとる」<br>「自分の言葉でまとめ直すことにより，理解が深まる」 |

ければ，この方略をうまく使いこなすことができません。さらにいうならば，「ノートテイキング方略はどのように効果があるのか，なぜ効果があるのか」を理解できていなければ，その方略を使う意欲も湧いてはこないでしょう。

　学習においては，方略についての知識をいかに豊富にもっているかが学習効果の決め手となります。つまり，適切な方略を選んで用いることにより，短い時間で理解を深めたり，記憶を確かなものにすることができるのです。そのため，学校や塾で，方略についての指導が熱心に行われている場合があります。

　しかしながら，「このような便利な方略がありますから，これを使いなさい」と教えられただけでは，その方略を十分に使いこなせないことも多いのです。自分でいろいろと試してみて，その使い方に習熟し，「この方略は自分に合っている」「この方略は、本当に効果的だ」と実感できるところまで到達しなければ，なかなかうまく活用できません。

　学習方略についてのメタ認知的知識も，お仕着せの知識ではなく，自分のものになってこそ，効力を発揮するものです。その意味では，自ら工夫して編み出した学習方略は，後々まで役に立つでしょう。

　メタ認知の発達が目覚ましい青年期前期以降は，学習方略についての情報交換がしやすくなりますから，教師が指導するだけではなく，クラスメイトや友人と学習方略について話し合う機会があってもよいでしょう。

19

## Topic 4

# メタ認知的活動とは何か

　メタ認知的活動は，メタ認知的モニタリング，メタ認知的コントロールの2つの要素に分けて考えることができます(Nelson & Narens, 1994)。メタ認知的モニタリングとは，認知状態をモニターすることです。たとえば，「ここがよくわからない」「なんとなくわかっている」といった認知についての気づきや感覚，「この質問には簡単に答えられそうだ」といった認知についての予想，「この解き方でよいのか」といった認知の点検，「この部分が理解できていない」といった評価などが，これに当たります。メタ認知的コントロールとは，認知状態をコントロールすることです。たとえば，「完璧に理解しよう」といった認知の目標設定，「簡単なところから始めよう」といった認知の計画，「この考え方ではうまくいかないから，他の考え方をしてみよう」といった認知の修正などが，これに当たります。これらをまとめたものが表1-3です。

● 表1-3　メタ認知的活動の区分と具体例

| メタ認知的活動の区分 | 具体例 |
| --- | --- |
| ①メタ認知的モニタリング<br>認知についての気づき・予想・点検・評価など | 「なんとなくわかっている」<br>「この質問には簡単に答えられそうだ」<br>「この解き方でよいのか」<br>「この部分が理解できていない」 |
| ②メタ認知的コントロール<br>認知についての目標・計画を立てたり，それらを修正したりすること | 「完璧に理解しよう」<br>「簡単なところから始めよう」<br>「この考え方ではうまくいかないから，他の考え方をしてみよう」 |

## ● メタ認知的活動の3段階

メタ認知的活動はまた,次の3つの段階に分けてとらえることができます。
①事前段階のメタ認知的活動
②遂行段階のメタ認知的活動
③事後段階のメタ認知的活動

学習活動の事前段階,遂行段階,事後段階のそれぞれにおけるメタ認知的活動をまとめたものが図1-2です。たとえば,教室で,自分の調べたことを発表する(プレゼンテーションを行う)という活動を考えてみましょう。

まず,事前段階では,「この課題は,私にとってどれくらい難しいものか」「うまくできそうか」を考えるのではないでしょうか。そうした事前の評価や予想に基づいて,目標を設定し,計画を立て,方略を選択することになるでしょう。この時,自分や聞き手の認知特性,課題の特性,方略についてのメタ認知的知

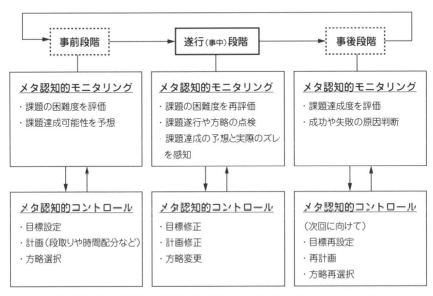

● 図1-2 課題遂行の各段階におけるメタ認知的活動 (三宮, 2008より)

第1部　メタ認知を理解するための20のトピック

識が活用されます。たとえば、「私は，肝心な説明を抜かしてしまうことが多い」「聞き手は，説明が冗長だと，たぶん飽きてしまう」「ビジュアル素材を活用すれば聞き手の関心を引く」といったものです。

　遂行段階では，遂行そのもの，つまりプレゼンテーションに認知資源の多くが用いられるため，メタ認知的活動を十分に行うことは困難です。しかしながら，そうした中でも，私たちはモニタリングを働かせて，「思ったよりも難しい」と課題の困難度を再評価したり，「うまくできているか」と課題遂行を点検したり，「計画通りに進んでいない」とズレを感知したりというメタ認知的モニタリングを，ある程度は行っています。このモニタリングを受けて，目標・計画の微調整や，ちょっとした方略の変更といったコントロールを行っているわけです。

　課題遂行つまりプレゼンがすっかり終わった事後段階では，メタ認知的活動に多くの処理資源を投入することができます。「ある程度までは目標が達成できた」「最後が急ぎ足になったのは，時間配分に失敗したためだ」といった評価や原因分析を行い（メタ認知的モニタリング），次回に向けて，目標や計画を立て直したり，異なる方略を選択したりすること（メタ認知的コントロール）ができます。プレゼンスキルを向上させたいと真剣に願う人は，自分のプレゼンをビデオに撮っておき，後で視聴しながら問題点，改善すべき点を洗い出す作業をすることも珍しくはありません。筆者は実際に，前任校の教員養成系大学に勤務していた頃，教育実習事前指導の一環として希望者を募り，上述のような演習を指導していました。

## ● メタ認知的活動における知識・活動の関連性

　メタ認知的活動は，メタ認知的知識に基づいて行われるため，もしメタ認知的知識が誤っていれば，メタ認知的活動も不適切なものになりかねません。たとえば，「よいプレゼンテーションとは，与えられた時間内にできるだけ多くの情報を速いペースで呈示することである」といった誤った知識が，短時間で情報を詰め込みすぎた，わかりにくいプレゼンテーションの原因となることがあります。

また，メタ認知的モニタリングとメタ認知的コントロールは，循環的に働くと考えられます。つまり，モニターした結果に基づいてコントロールを行い，コントロールの結果を再度モニターし，必要なコントロールがあれば行う……という具合です。したがって，メタ認知的モニタリングが不正確である場合には，メタ認知的コントロールは不適切なものとなりがちです。この点に留意する必要があります。

メタ認知的活動には，実はレベルがあると考えられます。たとえば，「なんとなくわかったような気がする」という気づきは，どちらかといえば低いレベルのメタ認知的モニタリングです。これに対して，なんらかの根拠に基づいた「理解できている」という評価は，高いレベルのメタ認知的モニタリングであるといえるでしょう。

Topic 3 および Topic 4 で述べた，メタ認知についてのやや詳細な分類を，ここで図 1-3 にまとめておきましょう。

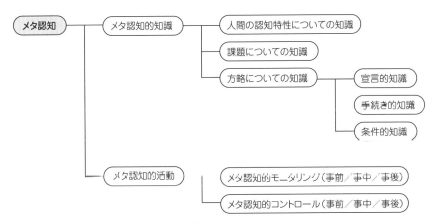

● 図 1-3　メタ認知についてのやや詳細な分類

# Topic 5
# メタ認知という言葉が使われるようになった背景

　先に述べたようにフレイヴェルが，また，後にブラウンがメタ認知という語を用い始めたのは，1970年代のことです。では，彼らより前には，「認知そのものを対象として認知する」という発想はなかったのでしょうか。もちろん，ありました。

　たとえば，遠く歴史を遡るならば，紀元前5世紀頃，古代ギリシアの哲学者ソクラテスがアテナイ（現在のアテネ）の街で，青年たちを相手に議論を仕掛け，「自分はものごとがよくわかっているつもりでいたが，実は無知であった」ということを気づかせようとしていました。これは，メタ認知を促す行為であったと解釈できるでしょう。

　ソクラテスの弟子，プラトンの著書『メノン』の中で，青年メノンがソクラテスに，「人間の徳性というものは，人に教えることのできるものか？」という問いを投げかけたところ，逆にソクラテスから問い返されるエピソードが紹介されています。ソクラテスは，メノンがうんざりするほどに，さまざまな角度からメノンに質問を浴びせかけました。そして最後には，そもそも徳とは何かをメノン自身がわかっていないということを，わからせたのです。

　哲学者であり，また心理学の祖とされるウィリアム・ジェームズは，思考の主体としての自己（I）と，思考の客体つまり対象としての自己（Me）を区別しました。彼は，私たちが「思考する」というプロセスを超えて「思考について思考すること」をも行っていることを明らかにしました。彼のいう「内省観察」あるいはその人自身の思考に関する意図的な注意や報告は，基本的なメタ認知のプロセスであると考えられます (Fox & Riconscente, 2008)。

さらに，哲学者で心理学者でもあるジョン・デューイは，認知活動をふり返ることを意味する，リフレクション（reflection）という言葉を用いています（「省察」「反省」あるいは「ふり返り」ともいいます）。彼は，著書『私たちはいかに考えるか (How we think)』(Dewey, 1933) の中で，省察的思考（reflective thinking）の重要性，そして省察的思考力を高める思考訓練を学校において行うことの必要性を論じています。

　省察あるいは反省，ふり返りという言葉は，どちらかといえば事後的にメタ認知的活動を行うことを意味するものです。これについては，後に，アメリカの哲学者ドナルド・ショーンが，優れた教師はリフレクティヴ・プラクティショナー（省察的実践家）であるべきとの考えに立ち，教育実践の活動中に行うリフレクションが必要であると主張しています。つまり，デューイのいうリフレクションは，将来に向けての事後的なふり返り（reflection on action）であるけれども，今進行中の活動の中でのリフレクション（reflection in action）が行われるべきだと，ショーンは考えたのです (Schön, 1984)。ショーンのいう活動中のリフレクションは，Topic 4に出てきた遂行段階のメタ認知的活動に近い概念ととらえることができるでしょう。

　このように，リフレクションという概念は早くから市民権を得ていました。「メタ認知」は，このリフレクションという概念をより広い意味合いで用いたものです。

注）「省察」は「しょうさつ」と読まれる場合もあります。

## Topic 6

# 記憶関連のメタ認知（メタ記憶）の発達

　メタ認知研究のそもそもの始まりは、フレイヴェルによる、子どものメタ記憶すなわち記憶関連のメタ認知の研究でした。メタ記憶とは、覚えるべき内容を自分がどれくらい覚えられるかを予想したり、確実に覚えるまでにかかる時間を見積ったり、自分の記憶状態を査定したり、うまく覚えるための方略を知っていたり活用したりすることです。

　フレイヴェルら (Flavell, Friedrichs, & Hoyt, 1970) が、就学前の幼児に、確実に思い出すことができるまで何枚かの絵（たとえば、おもちゃのブロック、ハサミ、家など）をすべて覚えるよう求めたところ、年少の園児の多くが「覚えられた」と言ったものの、実際には、それらをすべて再生することはできませんでした。これは、幼児が自らの記憶の状態をうまく査定できないこと、つまりメタ記憶が不十分であることを示しています。

　さらに、この実験では、就学前児は覚えるべきことを何度も繰り返すリハーサル方略を自分で考えて用いるということができないこと、そして、リハーサル方略を教え、これを用いるよう指示した時には使用することができても、指示がなければ自発的に用いることができないことが明らかにされました。こうした現象は、幼児のメタ記憶の未熟さを示すものです。記憶のためのリハーサル方略を自発的に行うようになるのは、5歳から7歳にかけてであるようです。

　シンら (Shin, Bjorklund, & Beck, 2007) は、子どもを対象とした実験の中で幼稚園児に対して 15 枚の絵を見せ、そのうちの何枚を覚えられそうかを予想させました。次に2分間でそれらを覚えさせ、再生を求めたところ、幼稚園児たちの予想は大きく外れました。つまり、自分の記憶状態を過大評価していたのです。さらには、判断（予想）し、実際に覚え、テストを受けるという一連の流

Topic 6　記憶関連のメタ認知（メタ記憶）の発達

れを，別の絵を用いて繰り返しても，彼らの過大評価は修正されませんでした。これは，メタ認知的モニタリングの失敗といえます。そもそも，就学前の幼児の3割程度が，覚えたことを自分は忘れないと考えているようです（Kreutzer, Leonard, & Flavell, 1975）。

デュフレスネとコバシガワ（Dufresne & Kobashigawa, 1989）は，6歳児から2歳おきに12歳児までを対象として，2つの言葉の覚えやすいペア（たとえば，「ネコとイヌ」「バットとボール」のように連想が働きやすいもの）のリストと，覚えにくいペア（たとえば，「本とカエル」「スケートと赤ちゃん」のように連想が働きにくいもの）のリストを与え，すべて正しく再生できるように，自由に時間を使って覚えるよう求めました。すると，10歳児と12歳児は，覚えにくいペアにより長い時間をかけましたが，6歳児では，覚えやすいペアにも覚えにくいペアにも同程度の時間をかけました。8歳児では，ちょうどその中間くらいでした。つまり，年少児では，記憶のための適切な時間配分の判断，いいかえれば，メタ認知的コントロールができていなかったのです。

メタ記憶については，こうした実験研究だけではなく，インタビューを用いた研究も行われました。クロイツァーら（Kreutzer et al., 1975）は，幼稚園児，小学1年生，3年生，5年生の子どもたちを対象に，記憶方略について，たとえば次のような質問をしました。

・明日の朝，学校（幼稚園）にもって行くべきものを忘れないためには，どうすればよいか？
・なくした物を探すにはどうすればよいか？

その結果，成績は幼稚園児や小学1年生ではふるわず，年齢とともに上昇しました。つまり，年齢が上がるにつれて，記憶方略についてのメタ認知的知識が適切なものとなることがわかりました。

覚えるべきことを正確にたくさん覚えるためには，自分の記憶力をきちんと見積った上で，効果的な記憶方略を活用することが欠かせません。つまり，メタ記憶の発達が必要になるのです。

Topic 7

# 理解関連のメタ認知（メタ理解）の発達

　自分がある内容を理解しているかどうかの判断は、理解関連のメタ認知ということで、メタ理解と呼びます。これは、とりわけ年少児には難しいものです。マークマン (Markman, 1977) は、小学1〜3年生の子どもたちを対象とした実験で、あるゲームの仕方を説明する際に、肝心な部分をわざと抜かした説明を行い、子どもたちがそのことに気づくかどうかを調べました。

　色つきの縁どりをして作ったアルファベットカードを子どもに呈示し、実験者自身と実験参加者の子どもに正確に同じ枚数のカードを配ります。そして、次のように言います。

　　「私たちのそれぞれが自分のカードを一山に積み上げておきます。次に自分のカードの山の一番上のカードをめくり、どちらが特別なカードを引き当てたかを見ます。それから、自分のカードの山から次のカードをめくり、どちらが特別なカードを引き当てたかを見ます。最後に、最も多くの特別なカードをもっているほうがゲームに勝つのです」

　ここでわざと、どれが「特別なカード」なのかについては触れませんでした。

　その後、10個の探り質問を用意して、いくつ目の質問で気づくかを調べました。すると、3年生では、「何か質問はありますか？」「私は必要なことを全部話しましたか？」といった探りを入れることによって、与えられた説明が不十分であることに気づきました。ところが1年生は、すっかりわかったつもりになってしまい、説明を実行に移してみてはじめて、できないということに気づいたのです。彼らは、説明を聞いている段階では、自分がわかっていないということがわかっていませんでした。

　つまり、1年生は、理解に対するメタ認知が十分に働いていなかったのです。

これに対し，3年生になると「説明を聞いたけど，よくわからない」ということがわかる程度まで，メタ理解能力が発達していました。

物語などを理解するためには，どの部分が重要で，特に気をつけて覚えておかなければならないかを判断することが大切です。発達段階の異なる子どもたちが，このような判断がうまくできるかどうかを調べた研究があります。

ブラウンとスマイレイ（Brown & Smiley, 1977）は，8歳，10歳，12歳，18歳を対象として，彼らが童話を読み終えた後，全体の1/4程度を目安として，重要でない（削ってしまってもよい）部分に青い横線を引くよう求めました。そしてさらに，残りの文章についても同様に，その次に重要でない部分を元の文章の1/4程度，緑の横線で消してもらいました。続いて残りの部分について赤い横線で同じことをしてもらい，最後には元の文章の1/4程度が残るようにしました。このような手続きにより，判断された重要度は4段階に分かれます。これを，ブラウンらがあらかじめ設定しておいた重要度と比較したのです。

結果は，18歳だけが文章の重要度について適切に判断しており，8歳では，ほとんど判断ができていませんでした。そして，発達段階に応じて，重要度判断の成績はよくなっていきました。このように，メタ理解にも，明らかな発達差が見られるのです。

もちろん，大人であっても常にメタ理解ができているわけではありません。ある手続きの説明を聞いたり読んだりしてわかったつもりになっていても，いざ実行しようとすると行きづまってしまうことがあります。また，ある内容を十分理解したと思っていても，それを他者に説明しようとすると言葉につまることがあります。

このように「実際にやってみる」「他者に説明してみる」ことによって，メタ理解が促され，「自分がよくわかっていなかった」ことに気づきやすくなります。

Topic **8**

# 「視点取得」とメタ認知

　視点取得（perspective-taking）とは，他者の視点に立つことです。そのためには，自分自身のものの見方を絶対視せず，相対化・対象化することが必要になります。この視点取得は，とりわけ他者とのやりとりにおいて必要なメタ認知です。というのも，相手に何かを伝える際には，相手が何を知っていて何を知らないかを知ることが欠かせないからです。相手の知っていることをわざわざ説明すると，うんざりさせてしまうかもしれませんし，逆に，自分が知っていて相手の知らないことを，説明の中でうっかり省略してしまうと，相手には理解できなくなってしまいます。

　認知発達に個人差があるように，メタ認知の発達にもかなり大きな個人差があります。しかしながら，認知能力もメタ認知能力も発達のプロセスの中で徐々に高まっていくという点は共通しています。認知発達に関するピアジェ（Piaget, J.）の研究は，この問題についての示唆を与えてくれるものです。

　ピアジェは幼い子どもの認知の特徴を，自己中心性（egocentrism）という言葉で表しました。自己中心性という語は利己主義や自分勝手と混同しやすいため，誤解されることがあります。しかしながら，ピアジェのいう自己中心性とは，自分の視点でしかものごとをとらえられないことを意味します。つまり，幼児は，自分に見えているものは他の人にも見えているし，自分が知っていることは他の人も知っているのだと思い込んでしまうのです。

　ピアジェは認知発達を大きく4つの段階に分けてとらえました。まず，感覚運動期（0〜2歳頃）において少しずつ自分と他者が区別できるようになります。続く前操作期（2〜7歳頃）では，言語やイメージ（頭の中でつくられた表象）を用いることができるようになるのですが，まだまだ「見かけ」にとらわれが

ちです。そして、この段階では、自分の視点が唯一絶対であると見なす自己中心性に支配されています。

この前操作期が終り、具体的操作期に入ると、自己中心性からの脱却つまり脱中心化（decentration）が進みます。脱中心化によって子どもは、自分のものの見方・考え方を対象化することができ、他者の視点をとること、すなわち視点取得ができるようになるわけです (Piaget, 1970)。

ピアジェとインヘルダー (Piaget & Inhelder, 1948) は、「3つ山問題」を用いて、このことを示しました。3つ山問題とは図1-4のように、1m四方の台に20～30cmの高さの3つの山の模型をセットし、A、B、C、Dの位置に人形を置いて、人形の目から山の風景がどのように見えるかを子どもに尋ねるものです。子どもたちは、次のいずれかの方法で答えることを要求されます。

①人形から見える風景を模型で再構成する。
②人形から見える風景の絵を選ぶ。
③1枚の風景画を見せ、そのように見える位置に人形を置く。

すると、4歳未満の子どもは、そもそも課題を十分に理解できませんでした。そして、4～7歳では自分の視点と他者の視点を区別できず、自分に見えている通りに人形にも見えるという答え方をすることがわかりました。7歳頃からは、ようやく他者の視点をとれるようになり、自分の見え方と他者（ここでは人形）の見え方を区別して人形から見える風景を答えることができたのです。なお、認知発達には個人差が大きく、また、文化や時代の影響も受けやすいため、ここで紹介した年齢は、1つの目安として考えてください。

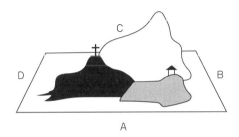

● 図1-4　3つ山問題 (Piaget & Inhelder, 1948より作成)

# Topic 9

# 「心の理論」とメタ認知

　心の理論（theory of mind）とは，そもそも心のしくみや働きを理解するための知識の枠組みを意味する言葉です。動物行動学者のプレマックとウッドラフ（Premack & Woodruff, 1978）によって命名されました。

　彼らはチンパンジーの行動を観察し，まるで人間のように仲間の心を読んでいるかのように見える行動を見出しました。そして，他者が何かの行動を起こす時には，その背景に気持ちや考えなどの心の状態があるのだという理解・知識を心の理論と呼んだのです。たとえば，仲間のチンパンジーがバナナに向かって手を伸ばしていれば，それはバナナをとろうと考えているからだと理解するわけです。

　心の理論はその後，人間の子どもの認知発達研究において，重要なトピックになっていきました。心の理論は視点取得とも関係がありますが，心の理論が形成されることで，他者の立場に立ってものごとを考えることができるようになります。

　幼児がいつ頃，心の理論をもつようになるのかを調べることにより，他者理解や自己と他者の心の区別の発達を知ることができます。これを調べるために，誤信念課題（false belief task）と呼ばれる課題が用いられます。誤信念課題とは一般に，ある人物が事実とは異なることを誤って信じているということが理解できるかを問う課題です。

　たとえば，フリス（Frith, 1989）による「サリーとアン問題」がその一例です（図1-5）。なお，これはもともと人形劇を用いたものでした。

　「他の人は自分とは異なる心をもっている（別の考えや気持ち，知識をもっている）」ということが理解できる「心の理論」の形成が不十分な段階では，

Topic 9 「心の理論」とメタ認知

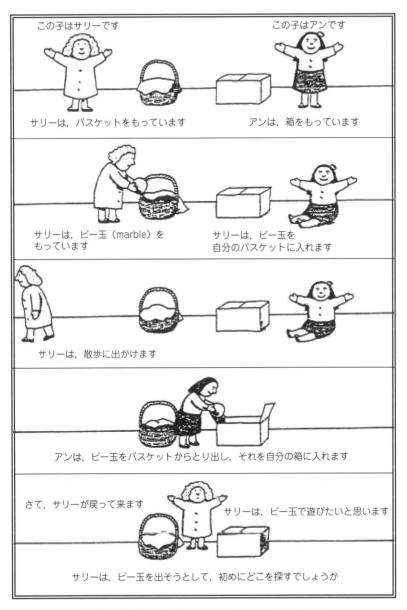

● 図 1-5　サリーとアン問題 (Frith, 1989 を参考に作成)

第1部　メタ認知を理解するための 20 のトピック

他者の立場に立ってものごとを考えることがうまくできません。自分の認知を
対象化し，他者の認知と区別できるようになることが，メタ認知の芽生えであ
ると考えられます。心の理論の形成は，メタ認知の発達における重要な初期ス
テージといえるでしょう。一般には，4 歳から 7 歳にかけて正答率が上昇します。

　なお，上述の課題は，心の理論の基本的な段階（「A さんは X が Y にある
と，誤って信じている」ことが理解できる）を調べるものであり，1 次の誤信
念課題と呼ばれています。より複雑なものとして，2 次の誤信念課題がありま
す。これは，たとえば「A さんは X が Y にあると信じている，と B さんは誤っ
て信じている」といったものです。一般には，この課題ができるようになるの
は，6 ～ 7 歳頃からだといわれています。

　さらにその上には，事実認識と当事者の感情という両方の理解を要求する課
題である，失言課題があります。これは，社会的失言課題とも呼ばれています
が，対人コミュニケーションの中で「言ってはいけないこと」を誰かが言って
しまった際に，それが失言であったと理解できるかを問うものです。

　バロン・コーエンらは，次のような失言課題を作成し，小学生（7 歳，9
歳，11 歳）を対象として実験を行いました (Baron-Cohen, O'Riordan, Stone, Jones, &
Plaisted, 1999)。

---

　ロバートは，新しい学校がちょうど始まったばかりでした。彼は新しい友達の
アンドリューに「僕のママは，この学校で給食を作る仕事をしてるんだ」と言
いました。その時，クレアがやって来て「私は給食を作っている人たちが嫌い
だわ。彼女たちは，ひどい人たちよ」と言いました。アンドリューがクレアに「ラ
ウンダーズ（野球のようなゲーム）を一緒にしない？」と聞くと，クレアは「う
うん，しない」と返事をし，「あまり気分がよくないの」と言いました。

---

　子どもたちは，この話を聞いた後，次の①～④の質問を順番に受けます。た
だし，ある質問に正しく答えることができなければ，そこで終わりになり，次

の質問には進みません。

①お話の中で，言ってはいけないことを誰かが言いましたか？

②言ってはいけない，どんなことを言ったのですか？

③ロバートのママはどんな仕事をしていますか？

④クレアはロバートのママが給食を作る人だと知っていましたか？

こちらは，先に述べた1次の誤信念課題や2次の誤信念課題よりも難しく，9〜11歳にならなければうまくできませんでした。男女差も認められ，女子のほうが男子より成績が優れていました。

一方，アスペルガー症候群や高機能自閉症の子どもたちの中には，失言を見抜くことが困難な子どもがいました。そうした子どもたちは，失言を含まない話であれば問題なく理解できていたのですが，失言の認知に特化した困難を抱えていました。

1次の誤信念課題や2次の誤信念課題を通過していたとしても，円滑なコミュニケーションをとるためには，「言ってはいけないこと（失言）」を理解するという，さらに高次の心の理論が要求されます。バロン・コーエンらは，大人用の失言課題を作成し，眼窩前頭皮質（orbitofrontal cortex）や扁桃体（amygdala）に損傷を受けた人々も，失言課題に同様の困難さを示すことを明らかにしました。

心の理論は，他者と関わる際に重要な役割を果たします。たとえば，皆の前で自分の考えを発表する際や，協同学習において他者と協力して課題に取り組むなどの場合には，他の人が自分の発言をどのように受け止めるか，つまり，どのように理解し，どう感じるのかを推測することが必要です。また，自分の発言によって他の人は何を考え，どう感じるかを感じとることによって，自分からの発言や行動を調整することが可能になります。コミュニケーションにおける失言の感知には，誤信念課題で問われる心の理論よりも，さらに高度な理解を必要とします。

さまざまな学習者が一緒になって協同学習を行う際には，心の理論の形成が不十分な学習者に対する配慮も必要になるでしょう。

## Topic 10
## 学習に困難を抱える子どもの支援とメタ認知

　メタ記憶の中でもとりわけ記憶方略に強い関心をもっていたアン・ブラウンは，学習に遅れが見られる子どもたちは，記憶方略を上手に使えないことが原因ではないかと考えました。つまり，そうした子どもたちは，記憶に関わるメタ認知に問題があるととらえたのです。そこで，知的な遅れのある子どもたちの中でも，比較的知能の高い子どもたちに対して記憶方略をトレーニングする実験を行いました (Brown & Barclay, 1976)。具体的には，色つきの絵で表された物の名前を呈示された順序で覚えるという課題が設定され，精神年齢が6歳（暦年齢7歳2か月～11歳7か月：平均9歳8か月）と8歳（暦年齢9歳10か月～13歳9か月：平均12歳）の子どもたちが対象となりました。
　まず，66名の子どもたちを次の3つのグループに分けました。
　①統制群：絵で表された物の名前を1つずつ言うよう教える。
　②予想群：絵で表された物の名前を1つずつ言った後，元に戻って，次の絵を見る前に「次に出てくる絵」を予想するという方略を用いるよう教える。
　③リハーサル群：絵で表された物の名前を1つずつ言った後，元に戻って，何度も口に出して繰り返す（リハーサルを行う）という方略を用いるよう教える。
　それぞれの方法で，呈示された色つきの絵を，子どもたち本人が全部覚えたと言うまで学習トレーニングを続けました。
　すると，②や③のように方略を用いて学習トレーニングを行った子どもたちには，その翌日のテストにおいて，明確なトレーニング効果が認められました。この時，予想群，リハーサル群の子どもたちには，学んだ方略を用いるように誘導しています。効果は，精神年齢が8歳の子どもだけではなく，精神年齢6

歳の子どもにも認められました。

約2週間後にトレーニング効果を調べたところ，精神年齢が8歳の子どもにおいては効果が持続していました。つまり，テスト成績がトレーニング前よりも上昇していました。ただし，精神年齢が6歳の子どもでは効果が持続せず，たびたび方略を誘導する必要があることがわかりました。

この結果から，予想や繰り返し（維持リハーサル）といった比較的単純な記憶方略は，精神年齢が8歳程度に達している子どもであれば，トレーニングによって獲得され，その上で学習に活かされるということが示唆されます。したがって，その学習者の認知発達段階において無理なく使える学習方略を教え，それを実際に用いる練習をさせることが，学習に困難を抱える子どもたちにとっても有効であると考えられます。

## ● 精緻化方略

Topic 3 でも述べたように，方略についての知識をもち，これを学習にうまく活用することが，学習を進める上でのポイントになります。一般に，小学校高学年頃からは，学習方略を次第に自力で活用するようになるのですが，学習に困難を抱える子どもたちは，これが苦手である場合が多いのです。そのおもな原因の1つは，学習の困難さの判断（ある内容を学習することが自分にとってどれくらい難しいかの判断）を的確に行うという段階でつまずいてしまうことです。これについて，スタインら（Stein, Bransford, Franks, Vye, & Perfetto, 1982）の研究を紹介しましょう。彼らは小学5年生の，学業成績のよい児童とよくない児童を比べ，成績のよくない児童が学習の困難さの判断で失敗しがちであることを明らかにしました。

スタインらは，たとえば次のような2つの文を呈示し，どちらが理解しやすく覚えやすいかを子どもたちに尋ねました。

①力持ちの男が，自分の友人がピアノを動かすのを手伝った。

②力持ちの男が，朝食の間に新聞を読んだ。

ピアノを動かすことと新聞を読むことでは，ピアノを動かすことのほうが「力持ちであること」と密接な関連があるため，①が②よりも文全体を理解しやす

く覚えやすいと考えられます。成績のよい子どもたちはこのことを正しく判断できましたが, 成績のよくない子どもたちは, うまく判断できませんでした。さらに, なぜ①が②よりも理解しやすく覚えやすいのかという理由を, 成績のよくない子どもたちは的確に説明できなかったのです。

　文に含まれる内容を関連づけ意味づけること（これを精緻化リハーサルと呼びます）が, 理解・記憶のためにはきわめて重要です。①の文はすでに適切な精緻化ができており, わかりやすいのですが, ②の文はそうではありません。つまり, 与えられた文そのものにおいては, なぜ力持ちの男が朝食の間に新聞を読んだのか, そこに納得できる関連性が見出せません。そのため, 子どもたちが自分で関連づけを行う必要があり, ②の理解・記憶が①よりも困難になるわけですが, このことを成績のよくない子どもたちは十分にわかっていない可能性があります。彼らには, あまり考えずに, 与えられた文をそのまま丸暗記（維持リハーサル）しようとする傾向があるようです。そのため, 文の長さのみに着目して学習の困難さを判断してしまい, 短い文のほうが覚えやすいと考えるのです。

　もちろん, 維持リハーサルよりも精緻化リハーサルのほうが, 効果的な記憶方略です。そこでスタインらは, 維持リハーサルから精緻化リハーサルに移行させれば記憶成績が上がるのではないかと考え, 精緻化（意味づけ）の有効性を教えるとともに, 精緻化の方法をトレーニングしました。すると, 文についての子どもたちの記憶成績は向上したのです。このことから, 成績のよくない子どもたちに対して, 精緻化方略についてのメタ認知的知識を獲得させ, 実際に方略を試してみてその効果を実感させるという, メタ認知的働きかけが効果的であることがわかります。

## ● 知的な挑戦意欲

　一方, 意欲の側面に着目したハーターとジグラー (Harter & Zigler, 1974) は, 学習困難児の中でも特に知的な遅れのある子どもたちに焦点を当て, 彼らには, 難しい課題に挑戦しようとする知的意欲が乏しい場合があることを明らかにしました。

彼らは，知的な遅れをもつ子どもたちのために，難しさの異なる3種類のジグソーパズルを用意しました。具体的には，13〜14ピースのパズルから「4ピースを抜きとる」「7ピースを抜きとる」「10ピースを抜きとる」という操作によって，パズルの難易度に差をつけておきました。それらのジグソーパズルのうち，どの難しさのパズルで遊びたいかを子どもたちに尋ねました。すると，遅れのある子どもたちは，そうでない子どもたちに比べて，より易しいパズルを選ぶ傾向が見られました。彼らの精神年齢は，遅れのない子どもたちと同じになるようにそろえていたため（精神年齢6歳または8歳に統一），パズルを解く能力には差がないはずです。それにもかかわらず，難しいものへの挑戦意欲が乏しかったのです。

　少し難しい課題に挑戦する意欲が，子どもたちの知的発達を促すよい機会を提供するものであるのに，遅れのある子どもたちは，こうした機会を逃してしまい，そのことが発達を停滞させてしまうのではないかと考えられます。そうであるならば，彼らの関心を引き，挑戦してみたいという意欲を引き出すような課題を準備することが大切です。そして，「少し難しい課題に挑戦することの積み重ねによって，人はもっと賢くなれる」というメタ認知的知識を，彼ら自身に理解・獲得してもらうことが役立つのではないでしょうか。

# Topic 11
# 協同学習における他者とのやりとりとメタ認知

　小学校から大学まで，協同学習を取り入れた授業はますます増えていくことでしょう。協同学習の1つの大きなメリットとして，学習者のメタ認知が促されるという点を挙げることができます。

　私たちは，ひとりで考えている時には気づかなかったことでも，他者に向かって話している最中に，自分の論理の不完全さに気づくことがあります。たとえば，「自分が今言っていることは，さっき言ったことと矛盾しているのではないか」というように。このように，他者とのやりとりを通してメタ認知が働きやすくなるため，自ら矛盾に気づくことができます。子どもであれば，「今あなたが言っていることは，さっきあなたが言ったことと違っているんじゃない？」といった周りの発言が，メタ認知を促してくれることも多いはずです。

　社会や文化の影響を重視するヴィゴツキー（Vygotsky, L. S.）の認知発達理論では，言葉を思考の道具と見なします。子どもたちは，周りの大人たちとの言葉のやりとりによって思考が調整できるようになっていきます。そして次第に，他者との対話（個人間過程）における外言（external speech）による調整が自己との対話（個人内過程）における調整へと向かい，自らの思考を内言（inner speech）によって調整できるようになります（Vygotsky, 1934）。これによって，メタ認知が少しずつ可能になるのです。初めのうちは，問題解決のために子どもは親や教師から，おもに対話を通しての支援，つまり言葉かけ（「もう一度確かめてみたほうがいいよ」など）を必要とします。これが次第に内面化されて，自己内対話による問題解決が行われるようになるわけです。

　トラックパズルと呼ばれる一種のジグソーパズルを解く際の母と子のやりとりを調べたワーチらの研究があります（Wertsch, McNamee, McLane, & Budwig, 1980）。

Topic 11　協同学習における他者とのやりとりとメタ認知

彼らは、モデル（仕上がり図）を子どもたちがどれくらい注視するか（よく見るか），そしてその注視が母親によって促されたものか，自発的に生じたものかに注目しました。彼らは，「次に必要なのは何色のピースかな？」といった母親の言語的援助が次第に子どもの側に内化されていくことを見出しました。ワーチらは，この注視行動が母親の指さしや言及によって調整される場合（他者調整）と子ども自身によって行われる場合（自己調整）の回数を数えました。すると，2 歳半から 4 歳半へと子どもたちの年齢が上がるとともに，他者調整の割合が減っていくことがわかりました。この結果は，子どもたちの問題解決行動が，他者調整から自己調整へと移行していくことを示していると考えられます。

　ワーチらの研究は，就学前の幼児を対象としていますが，学校での協同学習においても，他者とのやりとりがメタ認知的活動を促すことが期待できます。学校で，ともに学ぶ仲間をピア（peer）と呼びます。したがって，ピア・ラーニングとは，仲間とともに協力し合いながら学んでいく協同学習のことです。協同学習は，最近盛んにいわれているアクティブ・ラーニングの主要な構成要素です。誰かとペアを組む場合もあれば，グループあるいはクラス全体で協力して学習に取り組む場合もあります。

　パリンサーとブラウン（Palincsar & Brown, 1984）による相互教授（reciprocal teaching）は，協同学習の例として挙げられます。7 年生（中学 1 年生に相当）にメタ認知的知識としての読解方略を教えただけでなく，文章の読解において実際に，子どもたちが交替で，「文章を要約する」「内容について質問する」「わかりにくい意味を明確化する」「次の内容を予測する」といった読解方略を用いることによって，読解成績が上昇しました。

　また，別の例としては，ペア問題解決（pair problem solving）があります（Lochhead & Whimbey, 1987）。ここでは，ペアの 1 人が声に出して問題解決を進め，他の 1 人が積極的な聞き手となって相手の言い分を明確化するという方法をとることにより，問題解決をする者が自らまちがいに気づくようになることを明らかにしています。

　自分の考えのみで進める個人の学習とは異なり，他者と交流することを通し

41

第1部　メタ認知を理解するための 20 のトピック

ての協同学習は，自分とは異なるものの見方や考え方に気づかせてくれます。
この利点を最も活かせるのは，ある問題に対する意見を形成するための討論学
習ではないでしょうか。

## ● 意見形成のための討論学習

　自分の意見をまとめることが苦手な高校生を対象とした「意見文作成の授業」
(三宮, 2007) では，主張・根拠・サポート（裏づけ）・反論想定・再反論といっ
たパーツを少しずつつくっていったのですが，そうした活動の中で，他者との
討論を随所に取り入れました。題材としたのは，「道徳的葛藤(モラルジレンマ)」
を含む次のような問題です。

---

**問題例（要約）**

　Aさんは瀕死状態の奥さんを助けるため，高額の新薬を盗んだ。開発に 10 万円
かかったその薬は 100 万円で売られており，金策に窮したAさんが，まずは 50
万円の支払い（残りは後払い）で売ってほしいと頼んだが，聞き入れられなか
ったからである。Aさんの行為の是非について，あなたの考えを述べよ。

（永野，1985 を一部改変）

---

　このような問題に対する自分の意見文をまとめるにあたって，個人学習とグ
ループ学習を組み合わせました。まずは，教師側が用意した「ヒント」を参考
にしながらひとりで意見文を書きます。そして，それをもとにグループ討論を
行います。討論は，主張を同じくする小グループから始め，最後は主張の異な
る大きなグループへと規模を拡大します。この討論で得た気づきを活かして自
らの意見文を改稿します。

　このように，個人での思考および意見文の作成と，討論による協同思考を組
み合わせています。この討論には，次の 2 つのねらいがありました。

　①自分の考えを客観的・批判的に吟味し，他者の考え方を柔軟に取り入れて

42

考えを深める。

②意見の異なる他者に対して，自分の意見をどう展開すればよいかを常に考えることにより，論証力を高める。

結果的に，自分では気づかなかった点を仲間が指摘してくれたり，弱点を突いてきたりして問題点が明らかになり，意見文の改善につながりました。また，生徒のふり返りには，次のような記述が含まれていました。

「意見文作成練習の繰り返しや他者との意見のやりとりを通して，自分の考えを再検討，修正できるようになった」

「思考力，コミュニケーション力の伸びを日常生活の中で実感した」

「意見を述べる自信がついた」

「授業で学んだ意見の組み立て方や意見の伝え方を，今後の生活に活かしたいという意欲をもつようになった」

主張が異なっていたり，あるいは主張は同じでも根拠が異なっている他者に対して自分の考えを述べることによって，また，相手からの反論に対して再反論を試みる中で，「私はなぜそう考えるのか」が，自分の中で次第に明確になっていきます。とりわけ複数の他者からの，さまざまな根拠や証拠・具体例に裏づけられた多様な反論に出会うことにより，私たちは自ずと自分の考えをふり返り，より深く考える機会を与えられることになります。主張を同じくする相手であっても，話し合ってみると，根拠や裏づけが異なる場合もあり，思考が深まります。

ある特定の問題に対する自分の意見を，納得できる形にまとめるという目標をもって，考える，話し合う，ふり返るという作業を繰り返すことにより，単に表現のスキルが磨かれるだけではなく，他者とのコミュニケーションを通して，自分の考えに対するメタ認知が促されるのです。この点が，まさに協同学習ならではの効果といえるでしょう。

## Topic 12
# 学習における加齢の影響とメタ認知

　最近では，社会人が大学に戻って学び直すケースが増えており，その中には中高年の方々も含まれています。また，定年退職後の学習者も，今では決して珍しくはありません。「若者ではない」学習者がしばしば口にするのは，自らの記憶力や理解力の衰えに対する不安です。加齢による認知的な衰え，さらにメタ認知的な衰えは実際にあるのでしょうか。

　一般には，加齢により，記憶や暗算の速度・正確さが低下していきますが，その一方で，語彙は60歳頃まで増え続け，その後もあまり低下しないという知見があります (Salthouse, 2004)。認知能力のうち，情報処理の速さと正確さは，これまで特に加齢の影響を受けやすいとされてきました。従来の通説では，処理の速さと正確さは20歳台をピークとして，その後低下の一途をたどるといわれていました。しかし，近年の研究では，これに疑問が投げかけられており，50歳台後半からある程度低下するものの，必ずしも直線的に低下するわけではないという知見もあります (西田, 2016)。さらに，言語能力や豊富な経験に支えられている社会的判断能力・洞察力などは60歳頃まで上昇を続け，その後も低下しにくいという説があります。

　中高年では若年層よりもさらに職業や生活習慣のあり方が多様になるため，個人差もますます開いていきます。結果として，「ある年齢の認知能力はこれくらいだ」といった一般化がしにくくなります。また，昔に比べて高齢化が進み，就業期間も延びる傾向にあるため，「頭を使う機会」が昔より増えています。こうしたことから，最近では，加齢により認知能力が低下するとは，必ずしもいえなくなってきています。

　では，加齢によるメタ認知への影響はどのように現れるのでしょうか。コー

エンとフォークナー (Cohen & Faulkner, 1984) は，日常記憶についての自己評価を調べました。すると，60歳以上の人々は自分の記憶に関して，「名前や数字は忘れてしまいがちだが，出来事（事実）や自分に関することはよく覚えている」と判断したのです。このメタ認知的判断は妥当であると考えられます。それは，次の理由からです。

人や物の名前，郵便番号などの数字といった情報は，対象との関係において必然性がないため（たとえば，ある住所の郵便番号は便宜的に割り振られたものです），また変更があり得るため，覚えておく意味が乏しいともいえます。これに対して，事実情報や自分に関する情報には，覚えておく意味があります。

このように，彼らは自分にとって意味のあることは覚えておき，そうでないものは忘れるというように，メタ認知を働かせて認知資源をうまく節約していると考えられます。中高年が効果的に学習するためには，認知資源の配分に気を配ること，そして自らの豊富な経験に結びつけることによって理解・記憶を促進すること（学習内容の精緻化）が決め手となるでしょう。

ただし，高齢者では，認知能力が，疲労，ストレス，病気により大きく左右されることもわかっています。「徹夜で勉強して試験に備える」といった方法は，高齢者には向いていません。また，メンタルヘルスや体調管理には若年者以上に気を配る必要があります。

現在でもなお，「高齢になるにつれて，あらゆる認知能力が低下していく」というメタ認知的信念（メタ認知的知識）をもつ人が少なくありません。大学生を対象とした調査では，半数以上がそのように考えていることがわかりました（三宮, 2016）。こうした考えは，本人や周囲の人々の諦めを招き，何とか事態を改善しようという意欲を萎えさせてしまいかねません。

中高年の学習をよりよいものにするためには，本人も周りの人々も加齢について悲観的になりすぎず，正しいメタ認知的知識をもつことが望まれます。

45

## Topic 13

# メタ認知が働かなくなる場合

　Topic 6 や Topic 7 において，幼い子どもでは十分にメタ認知が働かないと述べましたが，実は私たち成人も，話を聞いたり文章を読んだりして，すぐ「覚えたつもり」「わかったつもり」になってしまうことがあります。実際には記憶や理解が不十分であるにもかかわらず，大丈夫だと錯覚してしまうのです。これはまさしく，メタ認知がうまく働いていない状況です。

　また，潜在的にはメタ認知能力が高い人であっても，状況によっては，これが発揮されないことがあります。私たちの認知資源（認知活動に使えるメンタルリソース）は，もともと限られたものですが，この認知資源が，睡眠不足や体調不良によって，また，他の考えごとや心配ごとなどによって奪われ，さらに減少してしまうことがあるのです。リソースが減ると，認知活動だけで手一杯になり，メタ認知にまでリソースが配分される余裕がなくなります。そうなると，メタ認知が十分働かなくなります。いわゆる「ながら学習」や「ながら作業」などは，一見効率がよさそうに見えても，自分でも気づかないところで，メタ認知の低下によってパフォーマンスが落ちていることがあります。

　たとえば，文章の手直し（推敲作業）をしながら，耳では別の情報に注意を向けるという二重課題を行う条件では，文章の手直しだけに専念する条件に比べて，メタ認知を必要とする文章の組立を改善する課題（文の順序を入れ替えて読者にわかりやすい構成に改善する課題）のパフォーマンスが低下していました (Sannomiya & Ohtani, 2015)。にもかかわらず，構成改善の出来映えに対する自己評価では，二重課題を行う条件と推敲に専念する条件の間に差がなかったのです。つまり，二重課題条件ではメタ認知が十分働いていなかったために，読者の視点をとる推敲パフォーマンスが低下しただけでなく，自らの推敲パフ

ォーマンスの低下にも，気づきにくくなったことがうかがえます。

一方，脳を損傷することによって，メタ認知が機能不全を起こすこともあります。歴史上，最もよく知られているのは，次のフィネアス・ゲージの症例でしょう。

1848 年にアメリカのバーモント州で起きた鉄道工事中の事故により，フィネアス・ゲージという青年の脳を鉄の棒が貫通しました。彼は，脳の左前頭葉（Topic 15 参照）に損傷を受けてしまいました。その後 2 か月を経て現場に復帰しましたが，彼はもとのゲージではなくなっていたといいます。

見た目には変化がなく，認知作業の遂行レベルにはほぼ変化がなかったものの，気まぐれで下品，頑固で優柔不断な人間になっていました。こうした傾向は，メタ認知的コントロールが機能しなくなったことに原因があると考えられます（渡邊, 2008）。ゲージの症例報告には誇張や歪曲も若干含まれるとのことですが，今なお引用されることの多い症例です。

事故に限らず，ロボトミー手術等によっても，類似の症状が現れます。ロボトミー手術とは，前頭葉切除を意味し，1935 年にポルトガル人医師のエガス・モニスが，てんかん治療のために始めました。日本でも 1975 年まで行われていましたが，メタ認知の障害を招き，周囲への関心や感受性の低下，判断・計画・立案能力の低下を引き起こすことがわかり，廃止されました。

また，ある女性は，脳の前頭葉に脳腫瘍ができ，これを手術で取り除きました。彼女は術後，すっかり元気になったのですが，作業の計画能力がひどく低下してしまい，得意だった料理も，手際の悪さのためにうまくできなくなったといいます（Penfield & Evans, 1935）。

前頭葉のみが損傷を受けた場合，言語・記憶・計算などの能力は低下しないこともあります。しかし，メタ認知能力は著しく損なわれてしまいます。

他にも，脳血管障害やアルツハイマー病によりメタ認知機能が損なわれることがあります（Cosentino, 2014）。

Topic **14**

# 「不明確な問題」が要求するメタ認知

　学習や仕事においては，作業全体を俯瞰して段取りを考える（見通しを立てる）ことは欠かせません。つまり，いきなり作業にとりかかるのではなく，作業をできるだけ効率的にするために，作業計画を立てる必要があります。この見通しを立てるという段階でメタ認知を働かせることになります。

　伝統的な思考課題である「ハノイの塔」（図1-6）のような定義の明確な問題（well-defined problem，以後，「明確な問題」）においても，やみくもに進めるのではなく，解決に向けての見通しを立てることが必要です。この種の問題は，答（最適解）がはっきりしているため，答の求め方に気づいてしまうと，あとは同じパターンを繰り返していけばゴールにたどり着くことができます。

　一方，日常生活において私たちが出会う問題は，答が一通りではないものがほとんどです。問題そのものが曖昧であり，自分で明確にする必要があります。たとえば，「どうすれば効果的に学習することができるか」といった問題がこれに当たります。そもそも「効果的に」という条件を明確にしなければなりません。効果的とは，当座の学習にかける時間が短いことなのか（目先のテストでよい点をとることができれば，それでよいという意味なのか），学習

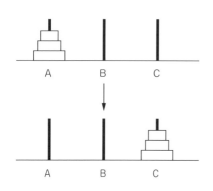

【問題】上の状態から下の状態になるように円盤を1枚ずつできるだけ少ない回数で移動させてほしい。ただし，どの移動においても上にくる円盤が下の円盤よりも大きくなってはいけない。

● 図1-6　ハノイの塔

内容が長期的に保持されることなのか，それとも広く応用が利くということなのかなど，いろいろな意味合いが考えられます。このような問題を，定義の不明確な問題（ill-defined problem，以後，「不明確な問題」）と呼びます。

最近では，入試においても，知識を再生したり公式を用いて計算したりする問題以外に，学習者が自ら定義づけることを要求される問題が増えつつあります。「○○について，あなたの考えを述べなさい」といった問題は，そもそも○○を自分なりに定義づけるところから始めなければなりません。ここでも，自分が論を展開しやすいように定義づけることが1つのポイントとなります。

日々の生活を送る上で必要な作業において，私たちは不明確な問題に数多く直面します。この時，作業の段取りや時間の割り振りをうまく考えなければ，労力や時間を無駄にしてしまいます。作業によって発生する認知負荷(cognitive load) を考慮することも必要です。ここでも，メタ認知が問われるわけです。

加齢のために判断ミスが起こりやすかったり，もしくは若くても手際が悪かったり時間の見積りが甘かったりするような場合には，メタ認知を最大限に働かせることで，これを補うことができます。まずは，自分の弱点を冷静に見極めること（メタ認知的モニタリング）が必要です。自分に判断ミスが多いとわかれば，二重，三重にチェックをかけようと考えるでしょう（メタ認知的コントロール）。

頭の中だけで処理しようとするのは失敗のもとです。紙やホワイトボード，情報端末などを使って手順をメモし，視覚化することが必要です。いわゆる「すべきことリスト（To-Do リスト）」が助けになります。時間に関する自分の見積りが甘いならば，その中に各作業行程の所要時間の見積りを書き入れることが欠かせません。また，時間内に作業が完了しそうにない場合には，周囲の協力を求めること（援助要請）や負担を軽減できるように計画そのものを変更することも大切です。

このように，自分の処理能力や利用可能な認知資源，さまざまな現実的制約などを考慮しながら計画を立てる，あるいは立て直すというメタ認知的活動は，実は生活全般において欠かせないものです。

第1部　メタ認知を理解するための20のトピック

## Topic 15

# メタ認知を司る脳の部位

　Topic 13において，メタ認知の機能を担う脳の部位が前頭葉であることを述べました。先に紹介したフィネアス・ゲージや料理の段取りがうまくできなくなった女性のケースで認められたメタ認知の障害は，前頭葉，特に前頭前野（prefrontal cortex）と呼ばれる部位の損傷によるものでした。当時，前頭葉は他の部位とは違って，特に何の役割も果たしていないと考えられており，「沈黙野」と呼ばれていました。したがって，この部位を切除しても何ら問題はないとされていたのです。ところが実際には，前頭葉は，私たちが自らをコントロールするためのメタ認知を支える，きわめて重要な部位だったのです。

　現在，認知神経科学（脳科学）においても，メタ認知は重要なトピックになりつつあります。フレミングとドラン（Fleming & Dolan, 2012）は，メタ認知の失敗を理解するためには，メタ認知のしくみについての神経レベルでの説明が必要であると述べています。

　従来，脳の研究は，病気や事故で脳に損傷を受けた人を対象にしていました。彼らの障害を診断・治療するプロセスの中で，そうした患者さんの症状と脳の損傷部位との関係を調べることが一般的でした。しかし，神経画像法（ニューロイメージング：neuroimaging）が開発されたおかげで，特定の心的活動に従事している患者の脳の活動部位が見えるようになり，脳の研究は近年著しい発展を遂げつつあります。

　fMRI（機能的磁気共鳴画像法：functional magnetic resonance imaging）やPET（ポジトロン断層撮影法：positron emission tomography）といった方法が，神経画像法としてよく知られています。前者は，血流の変化から神経活動を読みとるものであり，外部からの刺激によって活動した脳の様子を画像化する方

法です。後者は，ポジトロン（陽電子）を放出する放射性同位元素でマーキングされた薬剤を投与し，その分布を PET カメラで断層画像としてとらえる方法です。これらは脳を外科的に傷つけることなしに脳機能を調べることができる方法であり，非侵襲的な脳機能測定法と呼ばれています。

脳はそもそも図 1-7 のように，大脳，小脳，脳幹に大きく分かれますが，そのうち大脳が，さまざまな認知活動つまり頭を働かせる活動を担っています。大脳はさらに，前頭葉，頭頂葉，側頭葉，後頭葉の 4 つの頭葉に分かれています。

神経画像法により，前頭葉の前頭前野がメタ認知を司っていることが明らかになってきました。前頭前野とは，中心溝により頭頂葉と，外側溝により側頭葉と仕切られた前頭葉の中の前方部分を指します（図 1-7）。ちょうど額の裏側あたりだと考えるとわかりやすいでしょう。ここでは主に，注意・思考などの認知のコントロールおよび感情・意欲のコントロールといったメタ認知が行われ，脳内オペレーティングシステムとしての機能を担っているといえます。さらに詳しくいえば，認知のコントロールには前頭前野外側部（lateral prefrontal cortex）が，感情・意欲のコントロールには前頭前野内側部（medial prefrontal cortex）および前頭前野眼窩部（orbital prefrontal cortex）が，より大きく関わっているとされています（渡邊, 2008）。

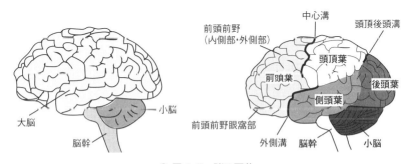

● 図 1-7　脳の区分

Topic **16**

# 自己調整学習とメタ認知

　本来，私たちが何かを自主的に学ぼうとする際には，学ぶ目的や動機があるはずです。主体的な学びにおいては，何を学ぶか，どのように学ぶか，どれくらい時間をかけて学ぶかを自ら考え選択するでしょう。また，自分の目指すレベルまで学べたかどうかをチェックし，不十分であれば納得できるまで学び直すのではないでしょうか。

　こうした学習者の能動性の基本は，外部からコントロールされるのではなく自らが主体であるという，学習における行為主体性（agency）にあります。バンデューラ（Bandura, 2001）は，自分の考えや行為を省察するメタ認知能力が人間の行為主体性の特徴の1つであるとしています。

　メトカルフェとグリーン（Metcalfe & Greene, 2007）は，私たちが行為主体性を感じるためには，自分の行為に伴って結果が生じる（随伴する）という認知が必要であることを実験的に確認しました。一般には，学習における自由度が高まるほど，すなわち，学習の対象や範囲（何をどこまで学習するか），学習の進め方，時間配分などが学習者に委ねられているほど，学習者の行為主体性は高まります。その結果，自己調整（self-regulation）による学習が行われるようになるのです。学習者自身が自らの学習を調整しながら能動的に学習目標の達成に向かう学習を，ジマーマン（Zimmerman, 1990）は「自己調整学習（self-regulated learning）」と呼んでいます。

　シャンク（Schunk, 1995）は，「授業に注意を向ける」「情報を整理する」「繰り返す」「新しい学習内容と既有知識を結びつける」といった，ごく一般的な学習方略を活用することに加え，「自分はできるという自信をもつ」「学習がしやすくなる人間関係や環境を作る」といった事柄をも，自己調整学習に含めてと

らえています。

ジマーマン（Zimmerman, 1994）は，学習における自己調整を発揮する領域として，次の6つを挙げています。

①学習動機
②学習方法
③学習時間
④学習結果
⑤学習の物理的環境
⑥学習の社会的環境

彼は，これらを学習者が自ら調整することにより，効果的な学習が実現すると考えました。私たちの日常の学習場面を思い起こせば，たしかに，こうした広い範囲での自己調整が学習にとって必要だということが理解できます。

## ● 観察学習と自己効力感

自己調整学習の考え方は，元をたどればバンデューラの観察学習（Bandura, 1971），そして自己効力感（self-efficacy）の概念（Bandura, 1977）に大きく依拠すると考えられます。観察学習は一般に，他者の行動を観察し，習慣や態度，行動などを学ぶことを指すものです。バンデューラは，他者から報酬などが与えられなくても，学習が観察によって成立すると考えたのです。たとえば，生徒が教師や他の生徒の行動を見て学習の仕方を学ぶことは，その一例です。

また，自己効力感とは，課題を達成するための自分の能力に対する期待を指します。「自分は，この課題ができるだろう」という期待をもつことが努力を持続させ，課題達成によい影響を及ぼします。自己調整学習は，自己効力感に支えられ，他者や自分の学習行動を観察しながら進められると考えられます。

バンデューラは，自己調整を構成する過程を，「自己観察」「自己判断」「自己反応」であるととらえました（Bandura, 1986）。学習における自己観察とは，自分の学習行動を観察することです。たとえば自己観察の結果，時間の使い方に無駄が多いことに気づいたならば，以後は，もっと時間を有効に使おうとするでしょう。このように，私たちは自己観察によって情報を得，また，自己観

察によって動機づけられてもいますので，自己観察は，情報機能と動機づけ機能を併せもつといえるでしょう。

　自己判断には，現在のパフォーマンスレベルと到達したい目標を比較し，どれだけギャップがあるかを判断することが含まれます。ギャップが大きすぎる場合には，より現実的で達成可能な目標に切り替えることも必要です。

　また，自己反応つまり自らのパフォーマンスに対する評価への自分の反応の仕方を調整すれば，動機づけを高めることができます。たとえば，試験の結果が期待通りではなかった場合に，「自分は頭がよくない」といった能力帰属よりも，「今回は試験の準備が不足していた」といったコントロール可能な要因に帰属すれば，今後の励みになり学習に役立ちます。また，成果が上がった場合には，「運がよかっただけだ」「先生の教え方がうまかっただけだ」というような外的要因よりも，「自分ががんばったから成果が上がったのだ」といった個人内要因に帰属したほうが，その成果に誇りを感じて，動機づけを高めることができるでしょう。

## ● 自己調整学習を支える要因

　一般に，成績のよい生徒は，自発的に自己調整学習を行っているものですが，この傾向は小学生よりも中高生において顕著に見られます（Zimmerman, 1989）。これは，生徒のメタ認知の発達の時期と一致しています。つまり，自己調整学習に役立つ程度までメタ認知能力が高まっていくのは，通常，小学校高学年から中学校にかけての段階と考えられます。メタ認知を自ら活用することのできるメタ認知スキルの発達が始まるのは，メタ認知的気づきなどよりも少し遅れて，10 ～ 12 歳頃とされています（Veenman, Kok, & Bloete, 2005）。

　学習において，メタ認知を促すようなヒントや助言が教師や仲間から与えられることによって，学習者は効果的な方略を用いることができるようになります。そうした周りからの支援は，認知的に「足場をかけること（scaffolding）」になり，学習者の能動的な方略使用が促進されることがわかっています（たとえば，Palincsar & Brown, 1984）。

　なお，学習において周りに適切な援助を求めることは，主体的に学習するこ

ととと矛盾しません。「他者に教えを請うと，自分が理解できていないことが露呈してしまう」と考え，わからないところをそのまま放置しておくのは避けるべきです。そもそも学習における援助要請に際しては，誰かに丸投げして頼り切るのではなく，ヒントや手がかりを他者から得ることにより，自力で問題を解決する方向に向かうことが欠かせません。できる限り自力で問題を解きたいというスタンスで臨む学習者だけが，援助要請を効果的に用いることができるのです (Butler, 1998)。そうした場合にのみ，援助要請が有効な学習方略となります。このことを十分に理解した上で援助要請を学習に取り入れるならば，それは自己調整学習と呼ぶことができます。

　学習者がメタ認知を働かせて学習環境を適切な状態にし，学習への動機づけを高めるとともに気持ちを整え，学習方略を効果的に用いることが，自己調整学習の条件ともいえるでしょう。

Topic **17**

# 頭のよさ（知能）とメタ認知

　そもそも，頭がよいとはどういうことであり，それはメタ認知とどう関係するのでしょうか？　心理学では，「頭のよさ」を知能（intelligence）という概念でとらえてきましたので，まずは心理学における知能の研究を見ていくことにしましょう。

　スタンバーグ（Sternberg, 2018）によれば，知能研究の歴史は，イギリスのフランシス・ゴルトンにまで遡ることができます。ゴルトンは，進化論で知られるチャールズ・ダーウィン（1859 年に有名な『種の起源（*On the Origin of Species*）』を出版しています）の従弟にあたり，遺伝学や統計学の研究者でした。

　内井（2002）によれば，ゴルトンは，1453 年から 1853 年までにわたるイギリスの 605 人の著名人や能力の優れた人々のリストを調べ，このうち 102 人が血縁関係にあることを見出しました。この多くの血縁関係を根拠に，ゴルトンは，才能には遺伝の影響が大きいと結論づけました。そして，さらに多くのデータに基づいて考えを練り上げ，1869 年の著書『遺伝的天才（*Hereditary Genius*）』の中で，人の才能がほぼ遺伝によって受け継がれるものであると主張したのです。しかしながら，この考えは後に批判を浴びることになります。

　後にフランスで，就学前に知的発達の遅れた子どもを見つけるという実用的な目的から，アルフレッド・ビネーが弟子のテオドール・シモンと協力して1905 年に知能テストを開発したことは，知能研究において画期的な出来事でした。通常の学校教育を受けるための能力が十分に備わっているかを見るために実施された彼らのテストには，次のような項目が含まれていました（滝沢, 1971）。

・食べ物を認識できるか（チョコレートと木製の立方体を見分けるなど）
・簡単な指示（「座りなさい」など）を実行できるか

Topic 17 頭のよさ（知能）とメタ認知

・3つの数字を反復できるか

・3つの単語（「パリ」「川」「財産」など）を使って1つの文を作れるか

この時点での知能テストには，子どもの年齢が十分には考慮されていません
でしたが，1908年の改訂版では，年齢ごとの測定ができるように変更されて
います。

## ● 知能指数

ビネーらの知能テストは，あくまでも，日常生活に欠かせない知的能力がそ
の子どもに備わっているかを見る発達検査のようなものでした。しかし，この
テストが諸外国に渡り，次第に能力を測る選抜の道具として用いられるように
なっていきます。ドイツの心理学者ウィリアム・シュテルンは，1912年に知
能指数（intelligence quotient: IQ）という，次のような指標を考案しました。

$$IQ = \frac{精神年齢（MA）}{実年齢（生活年齢）（CA）} \times 100 \quad （ただし年齢は月齢）$$

ここで，ある子どものIQが100となれば，その子は精神年齢と実年齢が一
致した平均的な知能の持ち主ということになります。一方，IQが100より大
きいほど「進んでいる」ことになり，100より小さいほど「遅れている」こと
になります。ただし，ここで測定される知能の発達は15歳程度で限界に達す
ると考えられていたため，適用範囲は15歳程度までとされています。こうして，
IQという指標が瞬く間に広がっていったのです。

アメリカのルイス・ターマンは，IQは一生を通じてほぼ変化しないと考え，
このIQを「頭のよさ」の指標ととらえました。彼は優生学の立場に立ち，頭
のよさは遺伝によって決まると考えていました。ターマンは，シュテルンが考
案したIQの計算方法を標準化された知能検査に初めて導入し，後に大きな影
響力をもつスタンフォード・ビネー式知能テストを1916年に発表しました。

このように，発達概念というよりも能力概念として知能をとらえる方向に，
知能研究が進んでいったのです。「知能の分類」として，今日までよく知られ
ているものは，サーストン（Thurstone, 1938）の知能の多因子説でしょう。彼は，

第1部　メタ認知を理解するための20のトピック

言語，数，空間，語の流暢性，記憶，推理，知覚の速さ，という7つの因子が知能を構成していると見なしています。また，キャッテル (Cattell, 1963) は，知能の多因子構造を，流動性知能 (fluid intelligence) と結晶性知能 (crystallized intelligence) の2つの共通因子にまとめました。流動性知能とは素早く抽象的な思考を働かせる知能であり，新しい場面への適応に必要とされる能力です。たとえば，速く正確に計算ができるのはこの知能のお陰ですが，加齢とともに低下しやすいとされています。一方，結晶性知能は，過去の経験を高度に適用して得られた判断力や習慣を指します。こちらは，言語の流暢性などを含み，加齢による低下が起こりにくいものです。

## ● 新しい知能観

　知能の新しい分類としては，スタンバーグの提唱するサクセスフル知能理論を構成する，分析的知能，創造的知能，実践的知能の3分類があります。また，知能には伝統的にさまざまな定義があり，その主なものを以下に挙げておきます。

　「知能とは経験から学習する能力である」

　「知能とは抽象的に思考する能力である」

　「知能とは，（新しい）環境に適応する能力である」

　これらは，相互に関連があります。環境に適応するためには，経験から学習しなければなりませんし，そのためには，個々の経験を抽象化・一般化してとらえ，次の経験に活かせるようにしておかなければならないからです。これらの定義は，1921年のアメリカ心理学会主催のシンポジウムにおいて集められたものです。

　注目すべきは，その65年後です。1986年のアメリカ心理学会主催のシンポジウムにおいて，スタンバーグとバーグ (Sternberg & Berg, 1986) が知能の定義を心理学者たちに求めたところ，メタ認知に関連する内容への言及が目立っていたのです。狭義の知能はメタ認知によって活用され，広義の知能はメタ認知そのものを含むと考えられます。

　スタンバーグ (Sternberg, 1985) の指摘によれば，これまでの知能テストでは，比較的単純な課題をいかに速く解決できるかを問題にしてきました。そこには，

Topic 17 頭のよさ（知能）とメタ認知

「頭がよいとは，（認知作業が）速いということだ」との前提がありますが，課題の処理速度のみに着目することは不十分であり，それらのテストでは認知的制御を行うメタ・コンポーネントの働きを診断できないとしています。メタ・コンポーネントは，課題遂行の計画，モニタリング，評価を行う高次の制御機能を果たし，知能の中でも最も重要なものであって，メタ認知に相当するものと考えられます（Sternberg, 1986）。

## ● 知能におけるメタ認知の役割

　自分の知的能力（認知能力）を実際に発揮できるか否か，うまく活用できるかどうかは，メタ認知にかかっています。それでは，メタ認知能力は知能に含まれるのでしょうか。いいかえれば，知能の定義には，その活用能力までも含めるべきなのでしょうか。これについては，意見の分かれるところかもしれません。しかしながら，上位の認知能力であるメタ認知を知能の枠の外に出すのではなく，これを含めて知能概念を構成するほうが，理論的にも実際的にも有意義だという考え方もできるでしょう。

　メタ認知を知能に含めることにより，より広範な知能が説明しやすくなるというメリットがあります。知能に関する研究を概観して，プレッツとスタンバーグ（Pretz & Sternberg, 2005）は，知能が次の2つと関連しており，メタ認知を含むと結論づけています。

　①基礎的な認知過程の効率（知覚速度や焦点化された脳の神経レベルの活動）
　②メタ認知的コントロールと認知過程の柔軟さ（注意や認知のコントロール，方略使用の柔軟さ）

　彼らが言うように，知能は単なる優れた認知能力ではなく，認知能力を適応的に活用する能力であり，それは高次の複雑な認知課題を解く際にいっそうはっきりと表れます。さらに，私たちの日常をふり返ってみると，現実場面では動機づけや感情が課題達成に大きく影響しています。

　課題達成を側面からサポートする動機づけや感情の影響をよく理解し，これを適切な状態に保とうとする力もメタ認知能力として説明できるでしょう。これらの問題は，後のトピックにおいて詳しく論じます。

# Topic 18
# 意欲(動機づけ)とメタ認知

　どんなに能力が高くても，意欲が乏しければ，成果は上がりません。意欲は，日常語としては，「やる気」「モティベーション」という言葉で表されることも多いものですが，心理学では，動機づけ (motivation) と呼ばれています。意欲すなわちモティベーションは，いったいどのように湧いてくるものなのでしょうか。

　モティベーションは，欲求，感情，認知の3つの要素から構成されると考えられています (鹿毛, 2013)。たとえば，ある高校生が，試験に備えて数学の勉強をするという状況を考えてみましょう。まず，欲求については，「自分の潜在的な能力を発揮したい(自己実現欲求)」「苦手を克服したい(達成欲求)」「数学ができるようになって先生に認められたい(承認欲求)」といった欲求が，意欲に影響するでしょう。これらはいずれも，心理的な欲求です。次に，感情については，「数学が好き」「数学は楽しい」といった感情が，意欲を左右することになります。そして，3番目の認知については，どうでしょうか。「自分の場合，数学が進路を左右する」あるいは「数学ができれば，他の教科でも役に立つ」(価値)「もう少し粘り強く考えれば，数学の難しい問題も解けるだろう」(期待)といった考え(認知)をもてば，意欲が高まります。

　欲求，感情，認知の3つの要素は，独立に作用するものではなく，1つの要素が他の要素に影響を及ぼします。たとえば，「数学は他の教科でも役に立つ」と認知すれば，数学により多くの価値を見出すことになり，学ぶことがもっと楽しくなるでしょう。また，「もう少し粘り強く考えれば，数学の難しい問題も解けるだろう」と認知すれば，「自分の力を発揮したい」という欲求も強まるかもしれません。もちろん，こうしたポジティブな影響とは逆に，ネガティ

ブな認知をもてば，他の要素にネガティブな影響が及ぶでしょう。たとえば，「数学は，自分の進路にほとんど影響しない」「数学は他の教科には役に立たない」「いくら粘って考えても，難しい数学の問題は自分には解けないだろう」といった考えに立てば，意欲も湧いてはこないでしょう。

　もしもある学習に対する意欲が湧かず，メタ認知的モニタリングによってその原因が「自分には無理だ」という認知にあるとわかったならば，あえてごく簡単なところだけに着手して成功体験を少しずつ積み重ねてみるとよいかもしれません。こうした方向づけ，すなわちメタ認知的コントロールが「自分にもできる」という認知の変容につながり，感情や欲求にもよい影響を与えるでしょう。その結果，意欲が高まることが期待できます。

## ● 内発的動機づけと外発的動機づけ

　意欲が自分の心の中に生じるものであることはいうまでもありませんが，そのきっかけは，自分の内側からやってくる場合と，外からやってくる場合の両方があります。内側からやってくる場合を「内発的動機づけ」，外からやってくる場合を「外発的動機づけ」と呼びます。

　内発的動機づけは，自分がそれをしたいからするというものです。好きなことは誰しも，特に強制されなくとも，進んでしようとするでしょう。特に学習においては，知的好奇心が，重要な内発的動機づけの源といえるでしょう。

　内発的動機づけのみによって私たちがやる気を出せると理想的なのですが，なかなかそうはいきません。内発的動機づけに頼れない場合，外からの動機づけ，すなわち外発的動機づけが必要になります。

　外発的動機づけは，金銭や物品などの物的報酬，あるいは，よい評価やほめ言葉などの社会的報酬を他者から受けることによってやる気が出るようになることです。「帰宅後すぐ学習にとりかかれば，好きなおやつを食べられる」「がんばって勉強すれば，よい成績がもらえる」といったことが，これに当たります。

　こうした報酬とは逆に，罰による外発的動機づけがあります。たとえば，「お小遣いを下げられることを恐れて勉強する」「教師からの悪い評価や親からの叱責を避けるためにしぶしぶ勉強する」などです。

第1部　メタ認知を理解するための 20 のトピック

　外発的動機づけは望ましくない，と思われがちですが，必ずしもそうではありません。必要であるにもかかわらず，少し敷居が高くてなかなか行動できない場合には，最初のきっかけをつくるために，あえて外発的動機づけを使う場合があります。たとえば，学校から帰ってきて，すぐにゲームを始めてしまう子どもに対して，「先に宿題を片づけないと，おやつはなし」といった罰を決めておくことで，帰宅後はまず宿題をするという習慣が次第に形成されます。一度習慣ができてしまえば，本人が「宿題を先に片づけないとなんだか落ち着かない」といった気持ちになるため，親が罰による行動調整をしなくても，自ら進んで宿題をするようになります。

　この原理は，子どもに限らず大人にも当てはまるものです。要は，内発的動機づけへの橋渡しとして外発的動機づけを活用するということです。そして，このことをメタ認知的知識として知っておけば，他者のみならず自分自身に対しても有効な動機づけ方略として用いることができます。私たちが自分で決める罰の中には，「社会罰」を含めることもできます。「私は 1 か月以内に○○を達成する」というように自分の目標を皆に公言しておくと，達成できなかった場合には恥をかくという社会罰が待ち受けています。恥をかきたくないという外発的動機づけが怠け心に歯止めをかけ，そのうちに努力そのものが習慣化し，苦痛よりも楽しさが勝ってくることが期待できます。

## ● 罰と報酬の副作用

　罰も報酬も，用い方が不適切であれば，副作用が生じます。罰は一般に，できるのにさぼっている人に対して，「怠けずにもっとがんばれ！」という思いを込めて使われることが多いのではないでしょうか。しかし，本人にとっては，もうそれ以上どうしようもないことに対して罰が用いられた場合，無力感を生むことは，知っておくべきです。

　セリグマンたちは，まず犬を対象として，このことを実験的に調べました (Seligman & Maier, 1967)。彼らは，実験対象となった犬にとって不快な（罰となる）状況をつくり出すために，電気ショックを用いました。犬が入れられた部屋の床から電流を流して電気ショックを与えると，犬は嫌がり，柵を乗り越えて隣

Topic 18 意欲（動機づけ）とメタ認知

の部屋に逃げることを覚えます。

ところが，これに先立ち，ハンモックのような装置で犬の体を固定して，電気ショックから逃れることができない体験をさせておくと，犬の行動が変化します。電気ショックが来たら柵を乗り越え，隣の部屋に逃げることが可能になっても，犬はもはや逃げようとはせず，じっとうずくまったまま動こうとしなくなるのです。つまり，逃れようと努力しても電気ショックを受け続けるという体験をさせることによって，犬は「無力感を学習」してしまったのです。

このことは人間にも当てはまり，「がんばってもどうにもならない」ことを罰せられる経験によって，無力感に陥ります。本人の力量を超えた無理な課題ができなかったことを罰するのは避けるべきです。

では，報酬の場合はどうでしょうか。レッパーら (Lepper, Greene, & Nisbett, 1973) は，お絵かきを好んで自発的に行う幼稚園児を対象として報酬の効果を調べました。絵をたくさん描いたら，ご褒美として子どものほしがりそうな賞状を与えると，お絵かき行動は一時的には活発になりました。しかし，その後報酬を打ち切ると，子どもたちは，お絵かきを前よりもしなくなりました。

このように，報酬が出されている間は，ある程度意欲が高まるのですが，報酬がなくなると，内発的動機づけのレベルが元のレベルよりも低下してしまうことを，アンダーマイニング効果と呼びます。これは，自分があることに取り組む理由を，「好きだから，楽しいから」という認知から「ご褒美をもらうため」という認知に変えてしまうためです。したがって，動機づけ方略として報酬を用いる際には，メタ認知的モニタリングを働かせて，事前の動機づけ状態を見極める必要があります。もともと意欲が高く自発的に行動している人に対しては，外的な報酬を与えることは避けたほうがよいかもしれません。ただし，金銭や物的報酬とは異なり，言語的報酬つまりほめ言葉には，このような弊害が見られないことが報告されています (Deci, 1972)。

副作用を避け，動機づけを適切な形で行うためには，ただやみくもに動機づけ方略を使うのではなく，対象となる人の内的状態に対するメタ認知を十分に働かせた上で，効果的だと予想される動機づけ方略を用いることが大切です。

63

## Topic 19
# 感情とメタ認知

　感情は動機づけとも密接に関連していますが，メタ認知を働かせることによって感情をコントロールすることができます。

　感情には，興奮を伴う一過性の感情である情動（emotion）や，比較的穏やかで持続的な感情である気分（feeling）が含まれます。たとえば，嬉しいことがあって舞い上がったり，逆に嫌な出来事に怒りがこみ上げてきたりするのは情動です。また，気分については，楽しい気分や憂うつな気分という言い方が，すでに日常的な表現となっています。一般に，これらをまとめて感情（affect）と呼びますので，ここでは感情という言葉で統一しておきます。より平易な表現としては，「気持ち」がこれに当たるでしょう。

　動機づけの重要な要素でもある感情は，何か行動を起こしたり，その行動を持続させたりするための，推進力となります。そして，何かを遂行する上で，その質を高めることもあれば低めてしまうこともあります。多くの場合，腹を立てながら，あるいは沈んだ気持ちで作業するよりも，楽しく安定した気持ちで作業するほうが，高いパフォーマンスが期待できます。これは，頭脳を働かせる場合にも当てはまります。したがって，学習や仕事などで知的作業に携わる場合には，感情をうまくコントロールして，怒りや不安，抑うつに支配されず，落ち着いた感情状態を保つことが役立ちます。

● **感情の知能**

　感情とうまくつき合っていくためには，メタ認知が必要です。メイヤーら（Mayer, Salovey, & Caruso, 2000）は，感情とうまくつき合う能力を，感情の知能（emotional intelligence）という言葉で表現しました。彼らのいう感情の知能と

は，感情の果たす機能を理解し，自分や他者の感情を的確に把握し，人間関係も含めた問題解決に感情を活かす能力を意味するものです。メイヤーらは，感情の知能を次の4つに分類しています。

①感情を正しく知覚・評価し表出する能力：自分や他者の感情状態を正しく見抜き，また，自分の感情を適切な形で表出する能力

②感情を活用して思考を促進する能力：失敗してもあきらめずに自分を動機づけ，判断や問題解決へと自らを駆り立てる能力

③感情を理解する能力：ある感情を引き起こす原因やある感情が招く結果および感情の変化を理解する能力

④自分や他者の感情をモニターし調整する能力：否定的な感情を和らげ肯定的な感情を増幅させる能力

感情の知能という言葉は，科学ジャーナリストのダニエル・ゴールマンの著書『EQ：こころの知能指数 (*Emotional intelligence: Why it can matter than IQ*)』によって瞬く間に世界に広がり，1995年の出版当時，EQという語が流行語となりました。ゴールマンは，メイヤーらよりも広い意味で感情の知能という語を用いていますが，いずれにせよ，感情について明確な気づきをもち，コントロールするという意味でメタ認知が重要な役割を果たしています。

実際，ゴールマンは，感情の知能を「メタ能力」と呼ぶべき能力だと述べています。ネガティブな感情を爆発させないためには，その兆しを察知して抑制をかける必要があります。病気や事故などで，メタ認知を司る脳の部位がダメージを受けると，この抑制がかからなくなります。このことは，Topic 13 で述べた通りです。

## ● 怒りのコントロール

脳に特段の器質的な損傷がなくても，感情，とりわけ怒りのコントロールが苦手な人もいます。そうした人も，トレーニングで改善する場合が少なくありません。子どものうちから，こうしたトレーニングを受けることが効果的です。感情コントロールを目的とした，感情の知能を育む教育プログラムとして，たとえば，セカンドステップと呼ばれるものがあります。

これは，子どものための委員会（committee for children: CFC）という米国
シアトルのNPO法人が開発したもので，子どもの衝動的，攻撃的な行動を和
らげて社会生活をスムーズに送れるようにすることを目的としています。子ど
もたちが互いに理解し合うために，「嬉しい」「悲しい」「怖い」「驚いた」「怒った」
「嫌だ」という6つの基本感情をきちんと理解させます。ロールプレイで自分
の顔や身体を使ってこれらの感情を表現する練習をし，相手の気持ちへの気づ
きを促します。そして，次の5つのステップを踏んで，前向きで柔軟な問題解
決力を養います。

①何が問題かを考える

②どんな解決策があるか意見を出し合う

③それぞれの考えが，安全か，公平か，皆はどんな気持ちになるか，問題を
　解決できそうかなどを，確認していく

④解決策を1つ選んで実行する

⑤それで解決しなければ，再度解決策を選んで実行する

こうしたステップを繰り返すことで，友達どうしのもめ事を交渉によって（暴
力を使わずに）解決することを覚えさせます。

次に，気持ちを鎮める方法として，次の5つのステップを踏んで，怒りの感
情をどう扱えばよいかを考えさせます。

①今，私はどんな気持ちか（怒っているか？）を自問する

②3回深呼吸をする（体の緊張をほぐす）

③「5」までゆっくり数える

④「落ち着いて」と自分に言い聞かせる

⑤自分の気持ちを大人に話す

この種のプログラムは，メンタルヘルスを向上させたり，虐待や反社会的行
動の減少という形で効果を上げており，一部には学業成績も向上させたとする
報告があります（Durlak, Weissberg, Dymnicki, Taylor, & Schellinger, 2011）。

このセカンドステップの効果を1年間かけて調べた研究によれば，このプロ
グラムを用いた学校では，身体への暴力が29％，言葉の暴力が20％減少した
とのことです（Grossman, Neckerman, Koepsell, Liu, Asher, Beland, Frey, & Rivara, 1997）。

## ● 不安・抑うつのコントロール

　学習に関連して，テスト不安という概念があります。これは，テストを受ける前に感じる過度の不安・緊張感やテストに失敗することへの恐怖によって，集中力が低下し本来の実力を出せなくなる状態を指します。誰にとっても，テストを受けることには多少の不安や緊張を伴うものですが，これが極端に強いと，テスト準備にも集中できないという困った状態になります。

　不安は，心配や怯えが伴い安心できない状態ですが，これに対して抑うつは，気分が落ち込んで元気が出ない不活発な状態を指します。また，将来に対する否定的なとらえ方や希望がもてない状態などの特徴があります。抑うつ状態を引き起こす原因の1つは，ストレスを感じることです。しかし，本人がその因果関係に気づいていない場合もあるようです。

　ベック（Beck, 1976）の認知療法（cognitive therapy）を元に発展してきた認知行動療法（cognitive behavioral therapy: CBT）では，不安や抑うつという感情が起こるプロセスを図1-8のような図式でとらえます。

　歪んだ認知からもたらされる否定的な自動思考を，言語を用いてクライアント自身に意識化させ，適応的な考え方に修正することで，不安や抑うつの改善を図ります。また，マインドフルネス認知療法を提唱するティーズデイルら（Teasdale, Moore, Hayhurst, Pope, Williams, & Segal, 2002）は，認知行動療法が育てるスキルを，ネガティブな自動思考が湧き起こっても，それに対して距離を置くことができるメタ認知的気づきであるととらえています。否定的な思考を消すことができなくとも，自分が巻き込まれないように距離を置いて見ることができればよいとするのです。

　こうした原理を知っていれば，不安や抑うつに対して，セルフコントロールがある程度可能になるでしょう。

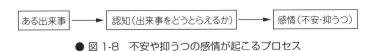
● 図1-8　不安や抑うつの感情が起こるプロセス

# Topic 20
# メタ認知の問題点・留意点

　これまで見てきたように、メタ認知をうまく働かせることによって、学習のパフォーマンスは向上します。ただし、メタ認知は常に万能というわけではありません。ここでは、メタ認知の問題点・留意点について述べておきましょう。

　まず、認知活動をよりよく遂行するためには、メタ認知が働けば働くほどよいのかといえば、そうとも言い切れません。「これでいいのか」「本当にまちがっていないのか」といったモニタリングが過剰に働きすぎると、ついつい臆病になってしまいます。あるいは「ここで、ああしてこうして、それから……」といったプランニングがあまりに入念すぎると、かえって実際の活動が停滞してしまうこともあります。

　たとえば、一生懸命にメタ認知を働かせながら話をしようとしているように見える人がいました。彼女は、会話の最中にも、自分の言葉に細心の注意を払うため、話の途中で考え込んでしまい、沈黙状態が続いてしまうのだそうです。そのため、就職の面接では面接者の質問に流暢に答えることができず、残念な結果になってしまったといいます。

　確かに、彼女はメタ認知を働かせすぎたことで沈黙してしまい、面接で不利になった可能性があります。ただ、会話の中でメタ認知をどの程度働かせるべきかは、その場の状況に応じて変わります。メタ認知のためには、いったん立ち止まって考えることが必要ですが、さらに、そうした思考のために話を途切れさせてもよいかどうかを判断する必要があります。

　時間に余裕のない面接などの状況では、会話と同時進行で行う（オンラインの）メタ認知に没入し過ぎないことも大切です。そのためには、ある状況でメタ認知をどれくらい働かせるべきかという判断が必要になります。これは、メ

タ認知よりもう一段上位の判断になり，「メタメタ認知」と呼ぶべきものです。

　一方，メタ認知を十分に働かせていたとしても，それが誤っている，あるいは不適切である場合があります。たとえば，「よい説明とは，全体を通して，できるだけ詳しい情報を盛り込んだ説明である」といったメタ認知的知識をもつ人がいるかもしれません。しかしながら，詳しすぎる説明をいきなり聞かされると，聞き手は，どこが重要な点なのかわからなくなります（三宮・吉倉，2012）。したがって，このメタ認知的知識は適切とはいえません。

　また，自分のプレゼンテーションの出来映えを実際よりも高く，あるいは低く評価してしまったという具合にメタ認知的活動に失敗することは，決して珍しくないでしょう。こうした場合，知識にせよ，活動にせよ，自らのメタ認知を修正するためには，メタ認知をさらにもう一段上からとらえることが必要になります。これは，メタメタ認知と呼ぶことができます（Arnold, 2013；三宮，2008）。

　Topic 19 とも関係しますが，ウェルズ（Wells, 2009）は，メタ認知に働きかけるメタ認知療法（metacognitive therapy）を提唱しています。彼は，メタ認知がものの見方，考え方を規定するのであり，心の健康のために修正すべきは，不合理なメタ認知であると考えたのです。たとえば，「私の考えていることは（言わなくとも）他者に伝わってしまう」といったメタ認知的信念（確信を伴うメタ認知的知識）が人を不安な心理状態に陥らせてしまうといいます。ウェルズは，まず，こうした誤った信念（知識）を自分がもっていることに気づかせ，徐々に取り除いていくという方法を提唱しました。

　メタ認知でさえ難しいわけですから，メタ認知をさらに一段上から客観的に眺めるというメタメタ認知がいかに困難であるか，想像に難くありません。しかしながら，メタ認知と同様，メタメタ認知も，他者の助けを借りれば，ある程度容易になります。自分のメタ認知については気づきにくくても，他者のことであれば客観的にとらえやすくなります。必要に応じて他者に協力を求め，メタ認知のアウトソーシングを，そしてメタメタ認知のアウトソーシングを上手に活用することが大切です。

第部

# メタ認知的知識を学習と教育に活かす

　学習に役立つメタ認知的知識を豊富にもっている学習者ほど，学習を有利に進めることができます。言い方を変えると，「メタ認知を働かせて学習しよう」という意欲・意気込みがどんなに強くても，肝心の知識が乏しければ，メタ認知を十分に働かせることはできません。

　ところで，学習についてのメタ認知的知識は，いわゆる「学習のハウツー本」に載っている手軽な「勉強法」と同じものなのでしょうか。そうではありません。「〜を学習するには，〜するとよい」といった単なるノウハウだけでは，不十分です。もちろんノウハウはメタ認知的知識の構成要素ではありますが，学習方略についての知識は単に「〜するとよい」という結論だけでは，うまく使いこなすことができないのです。その方略を使おうとする意欲が湧いてくるためには，そうすることが効果的であると納得する必要があります。また，個人の事情や状況に応じて方略を柔軟に活用するためには，原理を知っておく必要があります。

　つまり，「なぜそうするとよいのか」を納得するための心理学的な根拠が必要なのです。心理学的な根拠が理解できれば，その方略の有効性を納得することができ，「使いたい」という意欲が湧いてきますし，実際にその方略を状況に応じて臨機応変に活用することも可能になります。学習方略についての知識を実際の学習に役立てるためには，なぜその方略が有効なのかという根拠をも含めたメタ認知的知識が必要です。

　では，学習に役立つメタ認知的知識は，どこにあるのでしょうか。それは，心理学の研究成果の中にあります。認知心理学やそれ以前の伝統的心理学によって，数多くの知見が世に送り出されているのですが，残念ながら，広く知れ渡っているわけではありません。もちろん，何冊もの心理学専門書を読めば，その中から少しずつ，学習に役立つメタ認知的知識を抽出することができるでしょう。でも，これはそれほどたやすい作業ではありません。また，専門書にはかなり詳しく原理が解説されていますが，読みこなすのは大変そうです。

　そこで，第2部では，学習の構成要素となるカテゴリーごとに，それらのメタ認知的知識を整理して，わかりやすい形でご紹介したいと思います。

# Section 1

# 意識・注意・知覚編

　学習といえば，まず記憶や理解を思い浮かべがちですが，実は学習においても，意識や注意，知覚が大きく関わっています。私たちは日頃，自分の意識や注意，知覚といった基礎的なプロセスを取り立てて意識することはないかもしれません。しかし，こうした認知の初期ステージが，学習にも大きな影響を及ぼしているのです。「これを学習しよう」と決めて行う意図的な学習においては，ある一定の意識状態を保ち，学習すべき内容に注意を向ける必要があります。

　また，何かを学習するためには，「読む」「聴く」などの視覚や聴覚，つまり知覚の段階を経て外界の情報を取り込まねばなりません。したがって，こうした認知の初期ステージについて理解し，上手に学習に活かすことが大切です。

　このセクションでは，意識や注意，知覚についてのメタ認知的知識を紹介することにしましょう。

# 睡眠をとることが頭の働きをよくする

　大人も子どもも多忙な現代の社会においては，睡眠時間にしわ寄せがいってしまいがちです。しかしながら，睡眠不足気味だと，何となく頭の働きがよくないと感じる人が多いのではないでしょうか。

　学習と睡眠，とりわけ何かを記憶する学習と睡眠の関係については，古くから関心がもたれていました。すでに1924年には，ジョン・ジェンキンスとカール・ダレンバッハが記憶に及ぼす睡眠の影響を調べており，睡眠の重要性を指摘しています。彼らが用いた記憶材料は無意味綴りでしたが，記憶した後に睡眠をとった条件では50％以上を覚えていたのに対し，睡眠をとらなかった条件では，10％程度しか覚えていませんでした。このことから，何かを覚えた後では睡眠をとったほうがよいと考えられます。

　また，鈴木・内山（2006）も，睡眠をとる条件ととらない条件を比較した研究を紹介しています。たとえば，コンピュータ画面上に瞬間的に呈示された複雑な模様の特徴を認識する課題や対連合学習課題（2つの語をペアにして覚える課題），音程を聴き分ける課題，コンピュータシミュレーションを用いた空間課題，数字合わせを用いた洞察課題など，実にさまざまな認知課題において，睡眠をとったグループがとらなかったグループよりもよい成績を上げたという数々の知見があることを示しました。

　また，中高生を対象とした調査研究では，平日の睡眠時間が7時間以下の生徒の成績が芳しくないという報告があります（Wolfson & Carskadon, 1998）。

　こうしたことから，学習のために睡眠時間を節約しすぎることは，賢明ではないといえるでしょう。

Section 1　意識・注意・知覚編

# 睡眠中にも学習は進む

　眠っている間は意識がないため，脳が完全に休んでいると思っていませんか？　実は，脳は睡眠中にも活動しているのです。その証拠として，レム睡眠を挙げることができます。

　レム睡眠とは，速い眼球運動（rapid eye movement: REM）を伴う睡眠のことです。眠りに落ちてから次第に睡眠は深くなりますが，その後浅い眠りであるレム睡眠に入ります。一晩の眠りの中では，90〜100分のサイクルでレム睡眠とノンレム睡眠が交互に起こります。

　レム睡眠においては，眠っているにもかかわらず，起きている時と同様に大脳が活発に活動しており，また，心拍数の増加を伴います（Aserinsky & Kleitman, 1953）。レムを伴わない睡眠はノンレム睡眠と呼ばれるより深い睡眠です。一晩の睡眠中に，レム期とノンレム期が交互に生じ，およそ4〜5回程度のレム期があるとされています。レム期の脳は，覚醒寸前のところまで行き，再び深い眠りを伴うノンレム期へと移行します。

　実は，このレム期には，新しく学んだことをすでに知っていることと関連づけたり記憶を整理したりする活動が生じ，記憶の定着が起こるとされています（Boyce, Glasgow, Williams, & Adamantidis, 2016）。また，眠る前には気づかなかった，ある情報と別の情報との関連性に気づきやすくなります。つまり，眠っている間にも学習は進むのです。

　睡眠をとらずに起きていると，こうした作業が行われず学習効率は低下します。「寝る間を惜しんで勉強する」のは得策とはいえません。さらに，「テストの前日に眠ると，せっかく詰め込んだ知識を忘れてしまうのではないか」と心配して徹夜をする人がいるようですが，それはむしろ逆効果です。このような睡眠の性質を理解し，積極的に眠りを活用したほうがよいでしょう。

# 意識せずに学習できることがある

　私たちは,何かを覚えようと意識して覚えるだけでなく,知らないうちに(無意識のうちに)覚えてしまうことが少なくありません。たとえば,幼児は,周りの大人たちの会話を聞いているうちに,自然に語彙を増やしていきます。大人も,よく耳にする歌詞や目につくキャッチコピーを自然に覚えてしまいます。これも一種の学習であり,意識せずに(無意図的に,偶発的に)生じる学習という意味で,偶発学習(incidental learning)と呼ばれます。

　私たちは,ただ単に何度も見たり聞いたりすることによって,努力せずに覚えることができます。覚えたいことを紙に書いて,目につく場所に貼っておくなどすると,いつの間にか覚えてしまいます。また,難しい内容であっても,何度も目を通すうちに慣れたり親しみが湧いてきたりして,易しく感じられるようになります。

　「読書百遍意自ら通ず」という中国の諺がありますが,その意味するところは,難解な文章であっても繰り返し読めば,意味が自然と理解できるようになるというものです。もちろん「百遍」は言葉の綾であり,必ずしも「100回読む」必要はありませんが,この諺も偶発学習の効果に通じるものです。

　田中 (2006) は,「読書百遍意自ら通ず」を実際に試してみました。短期大学生 28 名を対象とし,彼女たちにとって難解だと考えられる,デカルトの「方法序説」のある部分を,滑らかに音読できるよう 30 回練習する(内容の理解は求めない)という課題によって,彼女たちが内容を理解できるようになったことを報告しています。

　覚えたいことや理解したいことが,たとえすぐには記憶・理解できなかったとしても,「覚えなければ」「理解しなければ」と意識せずに何気なく何度もその情報に触れることが思わぬ効果を上げてくれます。

Section 1 意識・注意・知覚編

# 学習やテストに適した
# 緊張感（覚醒レベル）がある

　学習やテストの際に緊張は禁物であり，できるだけリラックスすることが大切だと考えている人は多いのではないでしょうか。でも実は，緊張の度合いが低すぎても，うまくいかないのです。

　学習活動と緊張の度合い（覚醒レベル）との関係については，ヤーキーズ・ドッドソンの法則が参考になります。頭を使う作業は適度な緊張感のもとで最も効果的になることを，ヤーキーズとドッドソンの2人の心理学者がネズミの学習実験によって発見しました (Yerkes & Dodson, 1908)。覚醒レベルが低いと学習成績（パフォーマンス）も低いのですが，あるところまでは，パフォーマンスは緊張感とともに高まります。そして，難しい課題の場合には，緊張が度を超すとパフォーマンスは下がっていきます。一方，課題が単純な場合には，緊張感が増してもパフォーマンスは下がらないことがわかっています（図2-1）。

　人間の場合も同様に，緊張感が低すぎても，パフォーマンスが上がらないということを知っておくとよいでしょう。

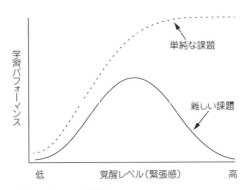

● 図2-1　ヤーキーズ・ドッドソンの法則 (Diamond, Campbell, Park, Halonen, & Zoladz 2007 より作成)

# カフェインの覚醒効果を濫用することは危険

　眠気を覚ましたい時，多くの人がコーヒーやドリンク剤，濃いお茶を飲むことで覚醒レベルを上げているようです。これらの飲み物に含まれるカフェインが交感神経を刺激して興奮状態をつくり出すため，飲んでから 20 ～ 30 分ほど経つと頭が冴えて疲れを感じなくなるなど，効き目を実感できます。このようにカフェインの覚醒効果は，学習など知的作業の頼もしい味方ではありますが，この効果を濫用することは危険です。

　健康な人であれば，1 回の摂取量が 200mg 以内であれば，また，1 日の摂取量が 500mg（より安全には 300mg）以内であれば問題はないようですが，大量に摂取すると，神経過敏や苛立ち，不安感の上昇，睡眠潜時の増大（寝つきが悪くなる），睡眠時間の短縮（目が覚めやすくなる），深い睡眠の減少（眠りが浅くなる）といった有害な影響がもたらされます (栗原, 2016)。

　上條ら (上條・藤田・臼井, 2017) の調査によれば，カフェインを多量に含む眠気防止薬やエナジードリンクなどの清涼飲料水の急性中毒のため，2011 年度からの 5 年間に少なくとも 101 人が救急搬送され，7 人が心停止となっています。

　また，そこまで重篤ではなくとも，種々の症状を引き起こす慢性のカフェイン中毒や，飲まなくてはいられないカフェイン依存症になるリスクもあり，注意が必要です。

　栗原 (2016) によれば，インスタントコーヒー 1 杯（150ml）にはおよそ 70mg のカフェインが含まれており，缶コーヒー 1 本ではインスタントコーヒー 1 ～ 2 杯分のカフェインを摂取することになります。このことを知っておき，コーヒーは節度を保って飲むようにしたいものです。

# 音楽で覚醒レベルをコントロールできる

　覚醒レベルを上げるため，つまり眠気を覚ますためにカフェインに頼りすぎるのはよくないことを先に述べましたが，覚醒レベルをコントロールする方法は他にないのでしょうか？

　起床後に眠気が残る場合には，太陽光などの強い光を浴びたり，シャワーを浴びたり顔を洗ったりすることが効果的なのはよく知られていますが，他にも，音楽を用いる方法があります。オッフェンバックの「地獄のオルフェ」やヨハンシュトラウス2世の「トリッチ・トラッチ・ポルカ」などは目覚めをよくする曲として一般に知られています。実は，音楽による覚醒効果について実験的に調べた研究があります。

　たとえば，リッターとファーガソン (Ritter & Ferguson, 2017) は，ヴィヴァルディの「四季」の中の"春"第一楽章やホルストの「惑星」の中の"火星"を聴かせることによって，実験参加者の覚醒レベルが上がることを報告しています。また，彼らは，サン-サーンスの「動物の謝肉祭」の中の"白鳥"やバーバーの「弦楽のためのアダージョ」を聴かせることで覚醒レベルが下がることも報告しています。

　その他にも，クラシック音楽でいえば，一般に行進曲（たとえば，モーツァルトのトルコ行進曲など）は覚醒レベルを上げ，子守歌（たとえば，シューベルトの子守歌など）は覚醒レベルを下げるとされています。

　このように音楽を上手に用いることによって，起床後すばやく目を覚ましたい時だけでなく，眠りたい時にも，覚醒レベルをコントロールすることができます。さらには，気分を高揚させたい時，あるいは逆に気持ちを鎮めたい時にも役立ちます。目的に応じて自分の好みの音楽を用意しておくとよいでしょう。

第2部　メタ認知的知識を学習と教育に活かす

# 注意を向けなければ，
# 見れども見えず聞けども聞こえず

　本を読んでいるうちに，つい考え事をして活字を目で追うだけ（つまり頭に入ってこない）という経験はありませんか？　同様に，人の話を聞いている時に，他の誰かから話しかけられて注意が削がれたという経験はないでしょうか。こうしたことが起こるのは，私たちの注意容量に限界があるためです。どれか1つの対象に絞って注意を集中させなければ，うまく情報処理ができないのです。対象を1つに定めて注意を向けることを選択的注意（selective attention）と呼びます (Treisman, 1964)。

　授業中に先生の話を聞きながら他のこと，いわゆる「内職」をしていると，どちらも中途半端になりがちなのは，選択的注意がうまく機能しないことが原因です。したがって，基本的に「内職」はあまりお勧めできません。音楽を聴きながら勉強するのも，あまり騒々しいものやボーカル入りの曲は，学習の妨げとなります。スマホをちらちら見ながら勉強するというのは論外です。

　学習に注意を集中するためには，私たちの注意容量（認知資源）に厳しい限界があるということを念頭に置き，注意を削がれない環境を整えることが大切です。耳から入る聴覚刺激や，目から入ってくる視覚刺激を制限すること，つまり静かで片づいた環境をつくることが理想的です。環境要因に加えて，体調や気分を整えておくことも，注意の集中を助けます。それは，もし体調が悪かったり，心配事や苛立ちの原因となる問題を抱えていたりすると，注意が削がれて集中できなくなるためです。

　日頃から，自分の注意集中の度合いをモニターし，集中が途切れがちだと感じたなら，原因を取り除くよう心がけるとよいでしょう。

Section 1 意識・注意・知覚編

## 頭を休めている間に解決策がひらめく

　レポートや論文の構想を練るなど，創造的な問題に直面して，資料を集めたり考えたりしているのに，なかなか考えがまとまらないということはありませんか？　多くの場合，努力はすぐには実らないものですが，ここで知っておきたいポイントがあります。ワラス（Wallas, 1926）は，過去の発明・発見の事例を調べ，創造的な仕事は通常，次の4つの段階を経て達成されるということを見出しました。
　①準備期：まず，必要な情報を集めたり技術を備えたりして，問題解決に熱中する（しかし，次第に思考が停滞していく）。
　②あたため期：いったん問題から離れ，身体を動かすなど，一見問題とは無関係なことをしながら，考えが熟して自然に出てくるのを待つ。
　③ひらめき期：突然，創造的な問題解決法がひらめく。しかも，その考えは強い確信を伴う。
　④検証期：ひらめいた考えを吟味し，これが正しいことを検証する。
　これを，「ワラスの4段階」と呼びます。「ひらめき期」のエピソードは，枚挙にいとまがありません。たとえば，アルキメデスが「浮力の原理（アルキメデスの原理）」（物体は，その物体が押し出した水の重さに等しい浮力を受けるという法則）を発見したのは入浴中でした。数学者のポアンカレは，思考に行き詰まってピクニックに出かけ，馬車に乗ろうとした瞬間にフックス関数を発見しました。これは，考えに考え抜いた後に問題から離れても，無意識に思考が継続している可能性を示唆しています。脳科学的には，マインドワンダリング状態（ぼんやりした状態）でのひらめきと考えられます。
　こうした知識があれば，いたずらに焦ることなく，自分の思考がどの段階にあるのかを見極め，意識的に次の段階に進むことも可能になるでしょう。

# 努力せずに長時間,没頭できる状態がある

　好きなことに打ち込んでいると,つい時間も忘れて没頭してしまうといった経験はありませんか？　この「のめり込み」の状態は無我の境地ともいえます。チクセントミハイ (Csikszentmihalyi, 1996) はこうした状態をフロー状態と呼び,その状態になるための条件として,たとえば次のものを挙げています。
・活動に明確な目的がある。
・活動の難易度と自分の能力のバランスがうまくとれている（活動が易しすぎず難しすぎない）。
・活動に自分にとっての本質的な価値がある。
　フロー状態に入ってしまうと,時間感覚が歪み,実際には長い時間を費やしていたとしても,短く感じられるのです。また,活動がまったく苦にならなくなり,それどころか,喜びに満ちた状態になります。空腹や疲労さえも感じません。もはや,失敗について考えることがなくなり,そのため不安もありません。今まさに行っている活動のみに注意が向き,気を散らすものは意識から閉め出されてしまいます。人からどう見られているかといった自意識が消失し,自己を忘れたような状態になります。
　学習においても,こうしたフロー状態をつくり出すことができれば,まったく努力せずに注意の集中が可能になり,学習が進むというわけです。最初はあまり気の進まなかった学習内容であっても,目的や価値を明確にし,自分にとってちょうどよい難しさの課題から着手してみるなど,内発的な動機づけを高めることによって,なるべくフロー状態に近づけるよう工夫してみるとよいでしょう。

Section 1　意識・注意・知覚編

# ノートの情報をグループ化しておくと　すばやく関連づけられる

　効果的なノートのとり方を論じた「ノート術」なるものが関心を集めています。「読みやすい字でノートをとり，読み返しやすくする」「楽しくカラフルなノートにして，学習意欲を高める」など，ポイントはいくつもあるでしょうが，そのうちの1つとして，「情報のグループ化」を挙げることができます。

　私たちは，情報を塊（かたまり）として見ます。そのため，ノートをとる時にも，関連するものをグループ化してまとめておくと，あとで見る時に一目で関連がわかります。これが，グループ化の効果です。

　ゲシュタルト心理学における群化法則（情報がまとまって見えるための条件）の中には，近接の要因（近くにある情報はまとまりやすい）や閉合の要因（カッコや枠で閉じられた情報はまとまりやすい）というものがあります(Wertheimer, 1923)。後者の閉合の要因は，たとえば，ある情報の塊が大きなカッコや四角い箱で囲まれていればまとまった内容として処理されるという意味です。図2-2のように，近接の要因や閉合の要因を活用してノートを作成すれば，後で読み返した時に，すばやく情報を関連づけることができます。

　後でノートを見返して，情報のまとまりを手っ取り早く把握するためにも，これらの原理を活用しない手はありません。

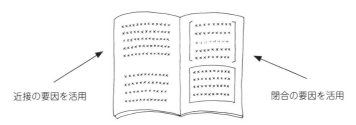

● 図2-2　群化法則（近接の要因および閉合の要因）を活用した例

# アンダーラインの活用で重要な点が一目でわかる

　テキストやノートの要点を一目で把握しやすくするためには，アンダーラインを活用することが役立ちます。アンダーラインは，文字列のある部分を強調することを目的としてはいるものの，塗りつぶしとは違って比較的「控え目」であるため目立ちすぎない点が長所といえます。

　ブランチャード (Blanchard, 1985) は，読み返す時に読むべきポイントを絞り込むためにも，アンダーラインが役立つという点を指摘しています。とりわけ，長い文章や難解な文章の読解において効力を発揮します。

　アンダーラインを引くためには，テキストを読みながら内容について判断することが必要になるため，自ずと学習者が深い処理を行うようになるという利点もあります。したがって，ただ闇雲にアンダーラインを引いたり，さほど重要ではない部分にまでアンダーラインを引いたりしても，効果はありません。

　では，重要な箇所にすでにアンダーラインを引いたテキストを与えられるとどうなるのでしょう？　魚崎ら (魚崎・伊藤・野島, 2003) は大学生を対象として，①テキストに自分でアンダーラインを引きながら読む条件と，②重要な箇所にすでにアンダーラインを引いたテキストを与えられて読む条件，そして③統制条件（アンダーラインなしに読む条件）を設定しました。すると，テキストの重要な部分の再生成績において，アンダーラインを活用した①と②の２つの条件が優れていました。ただし，自分でアンダーラインを引くことの効果が現れるためには，内容を十分に理解するだけの読解時間が必要でした。

　テキストの重要な点が一目でわかるためには，アンダーラインの活用が効果的だといえるでしょう。ただし，あれもこれもとアンダーラインを引きすぎたり，また，せっかく引いたアンダーラインの箇所を読み返す時間を確保しなかったりすると，効果は期待できないでしょう。

**Section 2**

# 知識獲得・理解編

　知識の獲得（記憶）・理解は，何といっても学習の中核となります。「どうすればよく覚えられるか」「どうすればよく理解できるか」という問題は，学習者にとっても教師にとっても，大きな関心事です。記憶や理解についての心理学的研究は歴史も古く，多くの知見が生み出されています。その中には理論的な研究も多いのですが，実践的な知見も少なくありません。こうした知見を知り，上手に学習に活かすことが学習の効果を高めてくれます。

　このセクションでは，知識獲得・理解についてのメタ認知的知識を見ていくことにしましょう。

第2部　メタ認知的知識を学習と教育に活かす

## 一度に記憶できる範囲は限られている

　一度にあれこれとたくさんのことを言われても、頭に残りません。これは、私たちの記憶容量に限界があるためです。ミラー（Miller, 1956）は、「不思議な数7±2」という、今や伝説のような存在となった論文の中で、私たちが一度に覚えられるのはおよそ7項目であるという意味のことを述べています。そういえば、7項目にまとめられるものが身の周りに多いことに気づきませんか？ 7つの曜日、7つの海、7賢人、七福神、などなど。覚えられる個数が常に7個（±2個）とは限りませんが、一度に覚えられる範囲には厳しい限界があるということを忘れてはなりません。

　人に何かを伝える際にも、この「一度に記憶できる範囲」（短期記憶の範囲）を念頭に置いて、情報過多にならないよう注意する必要があります。項目数が多い場合には、いくつかのグループ（カテゴリー）にまとめるとよいでしょう。

　なお、聞いたり見たりした外界からの情報は、図2-3のように段階を追って記憶に定着していきます。短期記憶の段階で何度も繰り返したり意味づけを行うことで、長期記憶に定着します。一度長期記憶に入ってしまうと、忘れにくくなります。

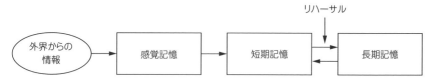

● 図2-3　記憶のボックスモデル（Atkinson & Shiffrin, 1968より作成）

注）感覚記憶は、聴覚情報や視覚情報がそのままの形でごく短い時間（数百ミリ秒〜数秒）保持される記憶を指します。また、短期記憶については、これを発展させた概念として、作動記憶（ワーキングメモリ）が、Baddeley & Hitch（1974）によって提唱されています。

※なお、ミラーのいう「7項目」に対して、後にコーワンは「4項目」程度であると反論しています（Cowan, 2010）

Section 2 知識獲得・理解編

## 最初と最後に学習したことは忘れにくい

　外国語学習で，新しい単語を 20 個呈示されたとします。すべての難易度がほぼ同じだとすれば，どの単語が記憶に残りやすいでしょうか？　それは，最初のほうと最後のほうに出てきた単語です。特に目立つものがない限り，私たちの記憶は，情報の呈示順序（系列位置）に影響されます。これをグラフで表すと，図 2-4 のような U 字カーブになります。これが，系列位置効果（serial position effect）です (Murdock, 1962)。

　初めのほうの情報がよく覚えられることを初頭効果，終わりのほうの情報がよく覚えられることを新近効果と呼びます。この効果に対する 1 つの説明は，順行干渉と逆行干渉です。順行干渉とは，先に学んだことが後続の学習を妨害するという現象です。一方，逆行干渉とは，後から学んだことが先行する学習を妨害するという現象です。これを学習系列に当てはめると，系列の初めの部分は順行干渉を受けませんし，終わりの部分は逆行干渉を受けません。したがって，両方からの干渉を受ける系列の中間部よりも有利になるわけです。

　このことを考慮すれば，重要なことや覚えにくいことは学習系列の最初か最後に覚えるとよいでしょう。干渉を避けるためには，1 日のうちでは，朝起きてすぐや夜寝る前の学習はお勧めです。特に夜の学習の後では，本を読んだりビデオを見たりせずに，すぐ寝てしまったほうがよいでしょう。

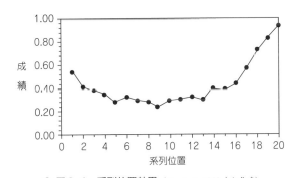

● 図2-4　系列位置効果 (Murdock, 1962 より作成)

87

# 情報を目立たせると記憶に残りやすくなる

　よくある名前よりも変わった名前のほうが，また，一般的な顔よりも特徴的な顔のほうが覚えやすいと感じたことはありませんか？　実は，他と異なっているものは目立つため，記憶に残りやすくなるのです。

　他と異なる，特徴的な（目立った）情報が記憶に残りやすいということは古くから知られており，フォンレストルフ効果（von Restorff effect）あるいは孤立効果と呼ばれています (von Restorff, 1933)。もともとの実験では，学習すべき項目リストの中に異質なものが含まれていると，その項目がよく記憶されるという現象を指すものでした。これを受けて，テキストの読解においても重要な箇所を目立たせるために蛍光ペンなどでハイライトをつけることで重要な箇所を目立たせるという手法がよく用いられます。

　ただし，ここで留意したい点があります。ハイライトの中でも蛍光色による塗りつぶしは，非常にインパクトがある（刺激が強い）ために，多用すると逆効果になります。それは，あれもこれもと，さまざまな色の蛍光ペンで塗りつぶしてしまうと，テキストが大変読みづらくなるからです。

　そして，塗りつぶしていない箇所は背景に退いてしまうため，元の状態よりもかえって記憶に残りにくくなります。つまり，ある部分を目立たせるということは，残りの部分を目立たせなくすることに他なりません。目立った部分に気をとられてしまい，その周辺の内容の記憶が抑制されてしまいかねません。

　こうしたことから，目立たせ効果は慎重に，少し控えめに使う必要があるといえます。

Section 2 知識獲得・理解編

# 知識はネットワークの形で蓄えられている

　私たちが何かを思い出す時には,「芋づる式」につながって出てくるように思いませんか? 実は, 私たちのもつ膨大な量の知識(概念)は, 長期記憶の中で互いにつながっており, 図2-5のように意味のつながりによってでき上がった意味ネットワーク(semantic network)を形成しています(Collins & Loftus, 1975)。

　このネットワークのリンクをたどって概念の活性化が広がっていきます。たとえば,「カナリア」という語を呈示されると,「黄色い」「さえずる」などの語が活性化されるのです。なお,「カナリアは黄色い」「カナリアはさえずる」といった一般的な知識は意味記憶と呼ばれ,「昔, 家で飼っていたカナリアは黄色かった」というエピソード記憶が抽象化されてできあがります。

　新たな知識を獲得する際には, このネットワーク構造を意識して, 既有知識との「つながり」をもたせながら学習すると効果的でしょう。

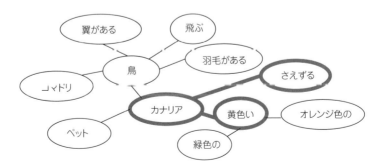

● 図2-5　意味ネットワークの例 (Collins & Loftus, 1975 より作成)

# 覚えたい内容に対して
# 深いレベルの処理をすると忘れにくい

　数字や記号ではなく意味のある内容を覚える際には特に，機械的に何度も繰り返して暗記するよりも，意味を理解したり内容について考えたりするほうが長く記憶に残ります。このことは，きっと誰もが経験から感じとっているのではないでしょうか。

　単純な繰り返しを維持リハーサル（maintenance rehearsal），意味を自分なりに考えたり情報どうしを互いに関連づけたりすることを精緻化リハーサル（elaborative rehearsal）といいます。記憶の定着をよくするためには，維持リハーサルよりも精緻化リハーサルが効果的です。

　その基礎になる考え方は，処理レベルの効果（effect of levels of processing）と呼ばれるものです (Craik & Lockhart, 1972)。たとえば英単語を覚える際に，その単語の形態処理（大文字で書かれているか小文字かを判断する）といった浅いレベルの処理に比べて，意味処理（その単語がある特定の文脈で使えるかを判断する）といった深いレベルの処理をした場合のほうが記憶成績がよくなるわけです (Craik & Tulving, 1975)。ここでいう深いレベルの処理は，精緻化リハーサルといいかえることができます。

　たとえば数学の公式であれば，丸暗記するのではなく，その公式がなぜ成り立つのかを自分で考えてみることが精緻化リハーサルになります。また，英単語の綴りを覚える際にも，その単語の語源を考えたり調べたりすることが精緻化リハーサルになります。あるいはまた，同義語や反意語とセットにすることもそうです。記憶を確かなものにしたければ，なるべく精緻化リハーサルを心がけるとよいでしょう。

　以降で，精緻化リハーサルについて，もう少し詳しく見ていくことにしましょう。

Section 2　知識獲得・理解編

# 自分に関連づけると覚えやすい（精緻化 1）

　自分とは無関係なことより，少しでも関係のあることのほうが覚えやすいと感じたことはありませんか？　たとえば，歴史的な出来事の中でも，自分の生まれた年に起こったことはすぐ覚えられるとか，自分が住んだり訪れたりしたことのある土地に関する情報はよく覚えているなどです。

　これは，自己関連づけ効果（あるいは自己参照効果，自己準拠効果：self-reference effect）と関係があります。たとえば，extroverted（外向的な）という単語を覚える際に，「自分に当てはまるか」と考えることが記憶を助けるというものです (Rogers, Kuiper, & Kirker, 1977)。この知見を少し拡張すると，自分と関連づけることが記憶に役立つと考えられます。

　一般に，私たちにとって最も関心の高い対象は，「自己」すなわち自分ですから，自分に関連する事柄に対しては，自然と深い情報処理が行われることになります。たとえばフランス語を学んでいる人が，旅行で自らフランスに行ったことでフランスへの自我関与が高まり，単語もスイスイ覚えられたという話を聞きます。また，オリンピックや万博などの年号を覚える際に，自分がその当時何歳だったかを考え，記憶の手がかりにするという人もいます。

　自分に関連づけることの効果は，何も自分だけに限定されるものではありません。家族や友人など，心理的な距離が自分に近い人と関連づけても，ある一定の効果があるはずです。たとえば，年号を覚える話であれば，「自分の家族の生まれ年と同じだ」といった関連つけでもかまわないでしょう。要は，自分そのものでなくとも，なるべく自分の近くに引き寄せて覚えるということです。

　学びたい事柄を自分に積極的に関連づけることによって記憶しやすくする工夫は，お勧めできる学習方略です。

# 自分で考えたことや自分で選んだことは覚えやすい（精緻化2）

　従来の学校教育では,「これはこうです」と結論を教えられ,それを覚えるというシーンが,圧倒的に多かったのではないでしょうか。「なぜそうなるのか?」と疑問をもって考えたり,公式や法則を自ら考え出したりする機会は,現在でもそれほど多くはないでしょう。

　しかしながら,自分で考えつくり出した情報は,単に他者から与えられた情報よりも記憶に残りやすいのです。これは,自己生成効果（self-generation effect）と呼ばれる現象です (Slamecka & Graf, 1978)。

　たとえば,先生から教わった語呂合わせよりも,自分で工夫してつくった語呂合わせのほうが忘れにくい,という人もいます。また,教科書をいくら眺めていても覚えられないけれども,自分でノートにまとめ直すと覚えやすかったという経験をもつ人も少なくありません。「小学校の算数で円の面積の求め方を学ぶ時,半径×半径×3.14という公式でなぜ円の面積が求められるのかを自分たちで考えさせられたので,よく覚えている」というのも,類似の例でしょう。

　さらに,自己生成効果に関連するものとして,自分が選んで覚えた内容は,そうでない内容よりも記憶に残りやすいという自己選択効果（self-choice effect）があります。こちらもやはり,「自分が」というところがポイントです。自分自身が能動的・積極的に関与した事柄は忘れにくいのです。それは,自分が関与することにより,学習内容についての深い処理すなわち精緻化が行われるためと考えられます。

　今後の学校教育において,学習に能動的に取り組むアクティブ・ラーニングを重視する背景には,このような原理があるといえるでしょう。

Section 2　知識獲得・理解編

# テキストの内容をイラストで表すと覚えやすい（精緻化3）

　テキストに出てくる言葉のイメージを思い浮かべたり，イラストで表してみたりすると，記憶に残りやすくなりますね。なぜ，そうすることが効果的なのでしょう？　それは，言語情報を視覚的な情報として表現する過程で精緻化が行われるからです。

　一般に，言葉と視覚イメージ，つまり言語情報と非言語情報の2通りで情報処理を行うと，記憶に残りやすくなります。たとえば，ビクトリア時代について書かれたテキストを読んでいる時，「ビクトリア調のティーテーブル」といった言葉に出会い，言葉（言語表象）だけでなく，図2-6のような視覚イメージ（イメージ表象）も同時に思い浮かべることができれば，忘れにくくなります。このように具象名詞は，頭の中でこの2通りに変換（符号化）することができます。これを二重符号化理論（dual coding theory）と呼びます（Paivio, 1971）。よく知っている具象名詞は，ほぼ自動的に言語と非言語の両方で符号化されるため，抽象名詞よりも覚えやすいのです。

　もちろん，具象名詞であっても知らない言葉は，視覚イメージを思い浮かべることができません。そこで，テキストにイラストや写真を添えてあれば，その後は，その言葉を見たり聞いたりしただけで，視覚イメージに変換すること（視覚化）ができ，記憶に残りやすくなるわけです。

● 図2-6　「ビクトリア調のティーテーブル」の視覚イメージ例

# 語呂合わせをすると
# 数字を覚えやすい（精緻化 4）

　「平安遷都が行われたのは 794 年であった」という文を覚えるために，「鳴くよ（794）ウグイス平安京」という語呂合わせを使うことは，多くの人が経験していることでしょう。このように，語呂合わせは一般に，数字などを覚える際に用いられます。$\sqrt{2} ≒ 1.41421356$（一夜一夜に人見頃），$\sqrt{3} ≒ 1.7320508$（人並みにおごれや），$\sqrt{5} ≒ 2.2360679$（富士山麓オウム鳴く）などは広く知られています。

　では，語呂合わせはなぜ効果があるのでしょうか？　それには，3 つの要因が考えられます。1 つ目は，何といってもリズムがよい（語呂がよい）ため口ずさみやすいことです。2 つ目は，無味乾燥な数字や記号に意味をもたせること（有意味化）によって情報が精緻化できること。そして 3 つ目は，前のページで述べたように，言葉に加えて視覚イメージが湧きやすくなることです。たとえば，794 年の平安遷都は，図 2-7 のようにイメージが喚起されることで，記憶に残りやすくなります。

　こうした利点を理解して，語呂合わせを楽しんでみるとよいでしょう。

● 図 2-7　語呂合わせによって喚起されるイメージの例

Section 2 知識獲得・理解編

# バラバラの記号や単語などは
# ストーリーにすると覚えやすい（精緻化5）

　化学記号などをたくさん覚える際に，語呂を合わせるだけでなく，何かストーリー性をもたせることでさらに覚えやすくなります。たとえば，化学で習うイオン化列（イオン化傾向の大きさの順に元素を並べた際の序列）の覚え方「貸そうかな，まああてにすんな，ひどすぎる借金」がこれに当たります。

　この覚え方は，語呂合わせになっているだけでなく，見事にストーリー化されています。「友人が借金を申し込んできた。貸そうかどうしようか。まあ，あてにしないでほしい。なにしろひどすぎる金額の借金だから」といったストーリーが頭に浮かびます。

　ちなみに，イオン化列との関連づけは，次のようになっています。

---

貸そう（カリウム：K）か（カルシウム：Ca）な（ナトリウム：Na），ま（マグネシウム：Mg）あ（アルミニウム：Al）あ（亜鉛：Zn）て（鉄：Fe）に（ニッケル：Ni）すん（すず：Sn）な（鉛：Pb），ひ（水素：$H_2$）ど（銅：Cu）す（水銀：Hg）ぎる（銀：Ag）借（白金：Pt）金（金：Au）。

---

　このようなストーリー記憶術（story mnemonic）については，バウアーとクラーク（Bower & Clark, 1969）が効果的であることを報告しています。

　覚えるべき項目をストーリー仕立てにすることで，記憶の負荷が小さくなります。たとえば，先ほどのイオン化列の例であれば，16項目の元素記号が，たった1つのストーリーにコンパクトに収められるわけです。しかも，具体的な意味が付与され，状況が鮮明にイメージできるため，覚えやすくなります。ストーリーを自らつくれば愛着も湧き，なおのこと忘れにくくなるでしょう。

# 環境手がかりを利用すると
# 覚えたことを思い出しやすい

　教室で習ったことはその教室で思い出しやすく，模擬試験の会場など，環境の変化があると思い出しにくいといった経験はありませんか？　実は，私たちが何かを覚える際には，覚える内容そのものに加えて，周りの環境情報もセットにして覚えてしまっているのです。

　環境情報が，内容を思い出す際の効果的な手がかりとして働くのです。たとえば，「あの話は，1か月ほど前の研究室のゼミで聞いた」とか「その説明は，昨日，図書室で手にとった雑誌に書いてあったはずだ」といった具合です。どこで誰から得た知識か，その時どんな状況だったか，といった周辺的な情報が，思い出しやすさにとって重要な働きをすることが少なくないのです。

　このように，その時の状況を含めた広い意味での「環境」を文脈（context）と呼びます。何かを思い出す時に，文脈が手がかりとなることは少なくありません。

　また，ある内容を学んだ時の文脈と同じ文脈に身を置いた時のほうが，その内容を思い出しやすいという効果があります。覚えた時と同じ場所，同じメンバー，同じ雰囲気などが再現できれば，思い出すことが楽になります。このように，私たちが無意識のうちに文脈に依存してものごとを思い出していることを，文脈依存効果（context-dependency effect）と呼びます (Isarida, 2005)。

　文脈依存効果をよく理解し，可能な限り文脈つまり環境手がかりを活用することが，記憶の再生をより効果的にしてくれるでしょう。

Section 2 知識獲得・理解編

## 視覚情報を言語化すると記憶が歪む場合がある

　言語情報の視覚化は効果的だということを「精緻化3」で述べましたが，その逆，すなわち視覚情報を言語化する場合には，注意すべき点があります。それは，言語化の仕方によっては記憶が歪んでしまうことがあるという点です。図 2-8 は，カーマイケルら (Carmichael, Hogan, & Walter, 1932) の古典的な実験材料です。2 つのグループの実験参加者に，曖昧な元の図（中央の図）を見せておき，後から元の図を見ずに再生を求める時に，それぞれ，2 種類の言語ラベルを手がかりとして与えます。すると，その言語ラベルに合うように，図形が再生されました。このように，言語ラベルのつけ方によって影響を受け，記憶が大きく変容してしまうのです（言語ラベル効果）。

　また，特に人の顔の特徴を言葉で表現することによって記憶が言語表現に引っ張られ，顔の記憶に誤りが生じるという現象が報告されています。これは，言語隠蔽効果（verbal overshadowing effect）と呼ばれるものです (Schooler, Ohlsson, & Brooks, 1993)。

　視覚情報を言語化する際には，こうした点に留意する必要があります。

● 図 2-8　カーマイケルらの用いた図の例より作成

# コンセプトマップを描くことが理解・記憶を促す

　図2-9のように、言葉をマップ状に散りばめ、線で結んだ図をコンセプトマップと呼びます。図の中に、まず上位概念を書き、それにリンクさせて下位概念を書き込んでいきます。

　コンセプトマップを描くことが理解・記憶に役立つのは、次の理由によります。まず、学習材料に対してより能動的に関わること、それから、文章の場合には概念が線状に連なって述べられているのに対し、マップ表現では概念のつながりが面で表されるため、概念間の関連性がわかりやすいこと、文章の要点が簡潔に示されていてわかりやすいことなどが挙げられます。

　ヴェロネーゼら (Veronese, Richards, Pernar, Sullivan, & Schwartzstein, 2013) は、医学生が生理学を学ぶ際にコンセプトマップを用いた条件と用いなかった条件を比較して、最終試験の得点に大きな開きがあったことを報告しています。マップ表現は、テキストを読んでノートにまとめる時や考えを整理したい時には、便利なツールになるでしょう。

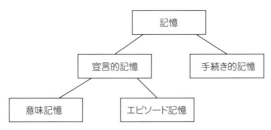

● 図2-9　「記憶」についてのコンセプトマップの例

## これから学ぶ内容のテーマや要約を先に見ておくと理解しやすくなる

　学習内容を予習することが理解を助けることはよく知られた事実ですが，これから学ぶ内容のテーマや要約を先に見ておくだけでも効果があります。オーズベル (Ausubel, 1960) は，テキスト学習の前に，あらかじめ内容の要約を読ませることによって理解成績が向上することを示し，先に読ませる内容の要約を先行オーガナイザー（advance organizer）と呼びました。

　オーズベルの実験では，参加者である一般の大学生にとって馴染みのない冶金学のテキスト（約2500語）を学習材料として用いました。彼らは学習に先立ち，やや短め（約500語）の文章を読みました。一方の条件では，それは学習材料をより一般化し要約した内容の文章（先行オーガナイザー）でした。他方の条件では，ほぼ同じ長さの，異なる文章を読みました。こちらは，学習材料の要約というよりも，冶金学の歴史的な紹介文であり，先行オーガナイザーとはいえないものでした。

　3日後の多肢選択テストの結果は，予想通り先行オーガナイザーを読んだグループのほうが優れていました。このように，テーマをあらかじめ知っておくことでトップダウン処理が働き，テキストの理解が有利になります。これは，そのテーマに関連のある情報が長期記憶から呼び出されることによるものです。2つの条件では，学習者はともに「予習」をしたわけですが，先行オーガナイザーとはなり得ない内容を予習したグループの成績は劣っていました。このことから，予習を効果的なものにするためには，学習内容に「実質的に関連した」内容であることが重要だといえるでしょう。

　テキストの最初か最後に「まとめ（要約）」がある場合には，テキストを読む前に，まずこれを読んでおくことがテキスト全体の理解を助けるでしょう。

第2部　メタ認知的知識を学習と教育に活かす

# テキスト学習には，<br>「SQ3R法」を取り入れると理解・記憶を促す

　自分でテキストを読解して学習する際には，どのようなことに気をつければよいのでしょうか？　学習スキルを研究したロビンソン（Robinson, 1961）が提唱する方法は，SQ3R法と呼ばれています。ある程度以上の長さの文章を読んで学ぶ際に有効な，この「S，Q，および3つのR」は，次のことを指します。

　S（survey）：学ぼうとするテキストの「章の見出し」や「章のまとめ」にざっと目を通して，要点をまず把握する。わずかな時間であっても，こうした概観を行うことによって，その章で論じられる主要な概念をあらかじめ把握し，章の内容を体系化しやすくなる。

　Q（question）：見出しを手がかりに，学ぼうとする内容に関連した問いを考える。それによって，内容への関心が高まり理解が深くなる。さらに，「すでにわかっていることは何か」に注意が向き，理解が速くなる。

　R（read）：先に考えておいた問いに答えられるようにテキストを読んでいく。これは，「能動的な読み（active reading）」につながる。

　R（recite）：最初のセクションを読み終えた後，テキストを見ずに，自分の用意した問いに，自分の言葉で答えてみる。これができなければ，再度，そのセクションに目を通す。最良の方法は，記憶に基づき，問いへの答を短く書き出してみることである。

　R（review）：テキストのさまざまなセクションに含まれる要点を俯瞰的に見て統合し関連づけ，首尾一貫した構造で記憶できていることを確認する。

　このうち，S（survey）は，前ページの話と一致するものです。こうしたSQ3R法を念頭に置き，実行することで，理解・記憶を促すことができます。もちろん，テキスト学習の内容や目的によって，それぞれの重みづけを調整することも必要でしょう。

Section 2　知識獲得・理解編

## テキストを読みながら聞かされると理解・記憶が妨げられる場合がある

　配付資料を発表者が読み上げ，聞き手はそれに合わせて文字を目で追うという状況がありますが，「なんだか声が邪魔だな」と思ったことはありませんか？「自分のペースで黙読したほうが内容を理解しやすいのに」と感じる人も多いのではないでしょうか。実は，そうなのです。

　テキストを読みながら聞かされることは，詩や易しい物語を味わう場合には決して悪くはないのですが，難しい文章の場合には，理解・記憶を妨げてしまいます。難しいというのは，たとえば抽象的な内容であったり，文章の論理展開などをきちんと追う必要がある場合です。

　同じような内容の文章であっても，短文の連鎖でわかりやすく構成されている場合にはよいのですが，構成が未整理あるいは複雑で構文解析（文法的な処理）に認知資源が多く奪われるような場合には，「聞くだけ」や「読むだけ」よりも「読みながら聞く」条件の理解・記憶成績が悪くなります (Sannomiya, 1982)。この現象は，モダリティ効果（呈示様式の効果）の一種です。

　これは，私たちが文字情報を処理する際の内的音声化と耳から入ってくる音声とが干渉を起こすために生じます。私たちが文字を黙読する際には一般に，頭の中で音声に変換しています（なお，小さい子どもは，このような内的音声化がまだうまくできず，ついつい声を出して読んでしまいます）。読み手が文字を音声化するペースと聞こえてくる音声のペースが合わないため，外からの音声が邪魔になるわけです。

　したがって，配布資料を説明する場合には，「資料を読み上げます」ではなく，「要点を先に述べてから少し時間を置きますので，各自資料に目を通して下さい」といった形にするほうがよいでしょう。

第2部　メタ認知的知識を学習と教育に活かす

# 習熟度が低い場合には，パフォーマンスの自己評価はあてにならない

　テストを受けた後，クラスや学年といった集団の中で，自分がどれくらいのランクに位置しているかを予想することがありますが，その予想は当たっているでしょうか？　実は，出来のよくなかった人ほど自分のパフォーマンスすなわち出来具合を過信することがわかっています。これを，ダニング・クルーガー効果と呼びます。

　クルーガーとダニング (Kruger & Dunning, 1999) は，大学生を対象に，ユーモア能力や論理的推論能力，文法能力などについてテストし，このことを確かめました。たとえばユーモア能力については，一連のジョークを見せ，それぞれのおもしろさを評定した後，自分の評価能力（ユーモアのセンス）が同じ大学の中でどれくらいのランクに位置しているかを予想するよう求めました。この予想とは別に，彼らの客観的なユーモア能力は，専門家つまりプロのコメディアンによるユーモア評定とのズレが小さいほど高く評価され，上位から25％ずつ，4段階で成績がつけられました。その結果，すべての課題において，成績の低かった学生ほど，実際よりも自分のランクを高く見積っていました（彼らの研究は，2000年のイグノーベル賞（心理学部門）を獲得しています）。

　ダニング・クルーガー効果は認知バイアスの一種ですが，ある領域に習熟していなければメタ認知が適切に働きにくくなるために起こります。そのため，習熟度が上がることによってメタ認知が働きやすくなり，的確な評価ができるようになった結果，自己評価が下がるといった逆説的な現象が起こり得るわけです。

　少なくとも習熟度の低い段階では，学習者の自己評価はそのまま鵜呑みにするわけにはいかないでしょう。

# テストは記憶の定着を促す

　「テストを受けるのが好き」という人は，あまりいないようですが，実はテストこそが記憶の定着に大きな効果をもっていると知れば，テストに対する見方も変わってくるのではないでしょうか。あることを正確に覚えているかどうかを調べる記憶テストは，私たちがすでに学んだ内容を長期記憶から呼び出す（想起する）練習になるため，効果をもつのです。

　このテスト効果は，レディガーとカルピック (Roediger & Karpicke, 2006) によって報告されています。大学生を対象とした彼らの実験では，テキストを読んだ直後にテストを受けたグループと，テストを受けずにテキストをもう一度読んだグループの2日後のテスト成績を比べました。すると，テスト・グループの成績が優れていたのです。1週間後のテスト成績を調べると，さらに両グループの成績差が開いていました。

　彼らの結果は，学習内容を思い出そうとすることが効果的であることを示しています。つまり，私たちはテストを受けることによって，学習した内容を真剣に緊張感をもって思い出そうとするわけですが，その想起努力が，ただ漫然とテキストを読み直すよりも記憶の定着に効果をもつということです。

　なお，テストを実際に受けるかどうかは別にしても，「テストがある」と予期することによっても，学習に取り組む際にテストを意識するため，効果が上がります。これは，テスト期待効果と呼ばれています (Szpunar, McDermott, & Roediger, 2007)。記憶を確実なものにするためには，テストに備えて繰り返し想起することが大切です。

　授業であまりテストが行われなかったとしても，学習者どうしで自主的にテストを作って実施するなど，テスト効果をぜひ活用したいものです。

## Section 3

# 思考・判断・問題解決編

　OECD（経済協力開発機構）は，21世紀を生きる力として教科横断的に，数学的リテラシー，読解力，科学的リテラシーの3領域を設定し，2000年にPISA（国際学力到達度調査）を開始しました。

　PISAによって測定される，いわゆる「PISA型学力」は，単なる知識量の豊富さよりも，むしろその知識を活用して判断し問題を解決する力を重視する点に特徴があり，21世紀型の新しい学力として注目されています。わが国の教育改革・入試改革においても，思考力重視の方向性が目立ちます。

　知識や情報を獲得するだけに留まらず，それらを活かして考える力，すなわち判断力・問題解決力は，実生活においても，今後ますます重要になるでしょう。問題に基づく学習（problem-based learning: PBL）や問題解決を目指したプロジェクト型学習（project-based learning: PBL）では，学習者による主体的な「探究活動」を通しての学びが期待され，そこでは，データに基づいて判断し問題解決を目指す活動，そして最終的な成果を出すことが求められます。

　このセクションでは，こうした探究的な学習も視野に入れながら，思考・判断・問題解決についてのメタ認知的知識を見ていくことにしましょう。

第2部　メタ認知的知識を学習と教育に活かす

## 思い込みが創造的問題解決を妨げる

　解決手順の決まりきった問題ではなく，解き方を工夫する余地のある問題の解決にあたっては，頭を柔らかくすることが大切です。そうした類いの問題として，古典的ともいうべき「ロウソク問題」(Duncker, 1945) があります。箱に入った押しピン，ロウソク，マッチ棒が，それぞれ用意され，ロウソクを床に垂直にして壁にとりつけ，火をつけることが要求されます。

　正解は，図2-10のように「箱を押しピンで壁に止めて台を作り，その上にロウソクを立てて火をつける」というものです。ここでのポイントは，箱を活用することですが，参加者の多くは，これを思いつくことができませんでした。それは，最初に箱が押しピンの容器として呈示されたことにより，容器としての箱の機能に固着が生じたためです。

　つまり，「箱は容器である」という思い込みのために，「道具の1つ」ととらえ直すことが困難だったのです。一方，押しピンを箱に入れず，箱もこれらとともに並べて呈示した条件では，箱を使って正解に至った参加者ははるかに多くなりました。

　こうした思い込みを機能的固着と呼びますが，機能的固着は柔軟な思考を妨げ，創造的な問題解決の障害となります。

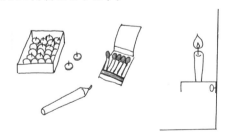

● 図2-10　ロウソク問題の解答 (Duncker, 1945)

# 習熟による「慣れ」が
# よりよい問題解決を妨げることがある

まず、次の問題を考えてみてください。

「問題1～7で求められる水量を作り出すための式を、水がめA、B、Cを使って作ってください（たとえば、『B－3A－C』など）」（表2-1）。

これは、ルーチンスの水がめ問題と呼ばれる問題です。問題1を考えた人は、「B－A－2C」という式を思いつくでしょう。問題2以降、最後までこの式で解けるのですが、実は、問題6と問題7は、それぞれ「A－C」「A＋C」という簡便な解き方があるのです。でも、このことに気づく人は多くはありません。このように、1つの解決法を思いつき、思考が機械的になってしまうと、他の方法を新しく考え出すことが難しくなります。

私たちがある問題を解くための方法を一度獲得してしまうと、以後は無批判にこれを使い続け、もっと簡便な方法があったとしても、これに気づきにくくなるのです。これを、構えの効果（set effect）と呼びます。「この問題の解き方はこれ」という思い込みにとらわれないようにすることが大切です。

● 表2-1 水がめ問題 (Luchins, 1942 より抜粋)

| 問題 | 水がめAの容量 | 水がめBの容量 | 水がめCの容量 | 求められる水量 |
|---|---|---|---|---|
| 1 | 21 | 127 | 3 | 100 |
| 2 | 14 | 163 | 25 | 99 |
| 3 | 18 | 43 | 10 | 5 |
| 4 | 9 | 42 | 6 | 21 |
| 5 | 20 | 59 | 4 | 31 |
| 6 | 23 | 49 | 3 | 20 |
| 7 | 15 | 39 | 3 | 18 |

注）単位を考える必要はない

第2部　メタ認知的知識を学習と教育に活かす

# 命題論理では「真か偽か」の判断をまちがえやすい

　学校で「AならばBである」という命題論理を習った記憶がありますか？命題論理を正しく操作できることが，論理的思考の基礎となりますから，これをまちがえないようにしたいものです。たとえば，次の例を考えてみましょう。
　「彼が犯人ならば，彼は犯行時刻に現場にいた」（基本命題）
　これに対して，逆，裏，対偶の各命題は次のようになります。
　「彼が犯行時刻に現場にいたならば，彼は犯人だ」（逆命題）
　「彼が犯人でないならば，彼は犯行時刻に現場にいなかった」（裏命題）
　「彼が犯行時刻に現場にいなかったならば，彼は犯人ではない」（対偶命題）
　基本命題が「真」である時，逆命題「BならばAである」や裏命題「Aでなければbでない」は必ずしも真とは限らないのですが，これらを「常に真」と誤って判断してしまうことが多いので，注意する必要があります。一方，対偶命題「BでなければAでない」は必ず真となります。
　この命題論理に基づく推論では，逆命題や裏命題をうまく使えないことによる誤りが起こりやすいのです。ウェイソン (Wason, 1968) は，いわゆる「4枚カード問題」を用いてこのことを示しました。

　表にアルファベット，裏に数字が書かれたカードがある。「カードの表が母音なら裏は偶数である」という命題が正しいことを確かめるために，めくる必要のあるカードはどれか？　　| A |　　| D |　　| 4 |　　| 7 |

　正解は，|A|と|7|です。これらは基本命題と対偶命題に関わるものです。
注）必ずしも真ではない逆命題や裏命題に関わる|D|と|4|はめくる意味がありません。

Section 3 思考・判断・問題解決編

# 三段論法では結論のもっともらしさに惑わされる

　2つの前提から1つの結論を導出する論理展開を，三段論法と呼びます。次のような三段論法を見たことはありませんか？

　前提1：人間には寿命がある

　前提2：ソクラテスは人間である

　結　論：ソクラテスには寿命がある

この論理展開は正しいといえます。では，次の三段論法はどうでしょうか。

　問題①　前提1：鳥は空を飛ぶ

　　　　　前提2：ダチョウは鳥である

　　　　　結　論：ダチョウは空を飛ぶ

続けて，次の三段論法はどうでしょうか。

　問題②　前提1：美しい花にはトゲがある

　　　　　前提2：バラにはトゲがある

　　　　　結　論：バラは美しい花である

　おそらく，問題①は「正しくない」，問題②は「正しい」と判断する人が多いのではないでしょうか。しかし，実は逆なのです。2つの三段論法の論理構造を見ると，問題①では「AはBである。CはAである。ゆえに，CはBである」となっており，冒頭の三段論法と同じ構造です。一方，問題②では「AはBである。CはBである。ゆえに，CはAである」となっています。これは，正しくありません。にもかかわらず，問題①の論理を「正しくない」と判断しがちなのは，結論が常識に合わないためです。これに対して，問題②の結論は常識に合う（もっともらしい）ため，論理そのものも正しいと判断してしまいがちなのです。三段論法における結論のもっともらしさと論理そのものとは，区別して考える必要があります。

109

第2部　メタ認知的知識を学習と教育に活かす

## 事例の思い出しやすさに惑わされる

　「K」で始まる英単語と，「K」が3番目に来る英単語とは，どちらが多いと思いますか？　これは，トゥヴェルスキーとカーネマン (Tversky & Kahneman, 1974) が出した問題ですが，多くの人は，「Kで始まる英単語のほうが多い」と答えます。しかし実際には，「K」が3番目に来る英単語のほうがはるかに多いのです。

　たとえば，take, make, like,... などを考えてみるとよいでしょう。にもかかわらず，なぜ，このような錯覚が起こるのでしょうか。それは，「Kで始まる」という手がかりが，「Kが3番目に来る」という手がかりよりも，そうした単語を思い出す有効な手がかりとなるからです。

　同じことは，交通事故による死亡件数と心臓発作による死亡件数の多さの判断にも当てはまります。たいていの人は，交通事故死が心臓発作による死亡よりも多いと判断しますが，これは正しくありません。実は，交通事故死のほうがニュースで目に触れる機会が多いため，思い出す手がかりとなりやすく，結果として多いと判断するのです。

　つまり，私たちは，その事例をどれくらい思い出しやすいかによって，手っ取り早くその事例の多さ（頻度）を見積ることにより，判断を誤ることがあるのです。これは判断にかかるバイアスの一種で，利用可能性バイアス (availability bias) と呼びます。

　思い出しやすさ，つまり直感的な記憶に頼って頻度を判断することはまちがいの元になりますので，注意したいものです。

## 最初に目に飛び込んだ数字に惑わされる

「国連加盟国の中でアフリカ諸国が占める割合は何％ですか」と問われたなら，あなたはどう答えるでしょうか？　正確な数字を答えるのは難しいと思いますが，これについて，次のような実験があります。

この問いを出す前に，0から100までの数字を書いた円盤（ルーレット）を使って，ちょっとした仕掛けをします。一方のグループの人たちには，円盤が必ず10で止まるように細工をし，他方のグループには，65で止まるように細工をしておきます。すると，10で止まったグループでは，平均25％，65で止まったグループでは，平均45％という答が出たのです (Kahneman, 2011)。

この結果は，問題とは無関連であるにもかかわらず，最初に見た数字の大きさに影響されたためと考えられます。これを，アンカリング効果と呼びます。同様に，次の2つの計算結果を概算で答えてもらうと，答が違ってきます。

　1×2×3×4×5×6×7×8は？
　8×7×6×5×4×3×2×1は？

アンカリング効果のために，2番目の答のほうが大きな数字になります。

日常的にも，私たちはよく似た現象を体験しているはずです。たとえば，「5,000円」という値段よりも「4,980円」のほうがぐんと安いように感じるのではないでしょうか。これは，最初の桁の数字が「5」か「4」かによって影響を受けてしまうためです。

また，数字そのものを明示しなくとも，「1日コーヒー1杯の値段で英語がマスターできます」といった宣伝には，「安い！」と心を引かれやすいのではないでしょうか。コーヒー1杯300円として，この英語教材が1年分だとすれば，109,500円にもなるのですが……。

# 「偶然」には気づきにくい

　「10円玉などのコイン投げをして『表』が出る確率はいくらか？」と聞かれると，おそらく誰もが1/2と答えるでしょう。しかし実は，数十回程度の試行では，1/2にならないことが多いのです。つまり，偏りが生じます。サイコロの場合も同じで，「1」の目が出る確率は理論上1/6ですが，なかなかそうはなりません。

　もちろん，何百回，何千回と試行数を増やすにつれて，コインの表もサイコロの目も，理論値に近づきます。これを，大数の法則といいます。この法則が小さい試行数でも成り立つと錯覚しがちであることを小数の法則と呼びます。

　たとえばサイコロを10回投げて「1」が3回も出ると，「おかしい。サイコロに何か仕掛けをしてあるのではないか」と疑う人がいるかもしれませんが，偶然の可能性が高いのです。試行数が少ないと，こうした偶然の偏りが出やすいものです (Tversky & Kahneman, 1971)。

　調査や実験でデータをとる際にも，この点に留意すべきです。サンプル数が少ないほど偶然の偏りが出やすくなり，サンプル数を増やすほど，偶然による歪みが少なくなります。したがって，対象者を増やすほど，つまりサンプルサイズを大きくするほど偏りが出にくくなり，信頼できる結果となります。

　私たちは，この試行数あるいはサンプル数をうっかり見落としてものごとを判断しがちです。「この3年間，A村ではB市よりも平均寿命が15か月長い」という結果から，「A村には，何か長寿の秘訣があるのではないか」と考えるのは早計です。A村の人口がB市よりはるかに少なく，単に偶然，偏りが出ただけかもしれません。

# 仮説は修正されにくい

　私たちが何か仮説を立てると，その仮説に合う事実にばかり目が向きがちになります。たとえば，「モーツァルトの音楽を聴くと学習意欲が高まる」という仮説を立てたとします。すると，モーツァルトの音楽を聴いて学習意欲が高まった事例が目につきやすくなります。一方で，モーツァルトの音楽を聴いていても学習意欲が高まらなかった事例には目が向きにくくなります。

　迷信や言い伝えを信じてしまう背景にも似たようなところがありますが，最もわかりやすいのは，占いではないでしょうか。「乙女座のあなたには，今日よいことが起こるでしょう」という占いを見てから出かけると，「やっぱり当たっていた！」と感じることが多いはずです。それは，「乙女座の私には，今日，何かいいことが起こる」と期待している（仮説をもっている）ために，そのような期待（仮説）がなければ見過ごしてしまうような些細な出来事にも注意を向けるためです。つまり，注意の向け方に偏りが生じるわけです。

　このように，私たちは通常，予想・期待に合致する出来事に目が向きやすくなります。仮説や予想を支持する情報（出来事）に目が向きやすく，仮説や予想に反する情報には目が向きにくいという私たちの認知傾向を，確証バイアス（confirmation bias）と呼びます (Wason, 1960)。仮説を検証する場合には，自分の判断に確証バイアスがかかっていないかを問い直すことが必要です。

　この現象は，「自分の立てた仮説を支持したい」「自分の仮説に合わないことは無視しよう」といった意志によって起こるわけではありません。そうした作為がなくとも生じるものなのです。

第2部　メタ認知的知識を学習と教育に活かす

## カバーストーリーに惑わされると
## 問題の本質が見えなくなる

........................................................................................................

　まずは，次の「要塞問題」を考えてみて下さい。
　「ある国の将軍は，独裁者から国を解放するために，国の中央にある要塞を攻略しようとした。そのためには大群で攻め込む必要があるが，要塞に通じる放射状の道路には地雷が埋めてあり，大群で通ると爆発する。どうすれば，地雷を爆発させずに攻略することができるか」
　答を言ってしまうと，「小部隊に分かれて四方八方から進み，要塞で結集する」というものです。では，次の「放射線問題」はどうでしょう。
　「ある患者は，胃に悪性の腫瘍がある。そのままでは死に至るので，腫瘍を破壊する必要がある。しかし，その患者には体力がなく手術はできないため，放射線による治療を行わなければならない。強い放射線を当てれば，腫瘍は破壊できる。しかし，腫瘍は体の内部にあるため，外から強い放射線を当てると健康な組織も破壊されてしまう。どうすれば，健康な組織を傷つけずに，腫瘍だけを破壊することができるか」
　こちらの答は，「四方八方から弱い放射線を照射し，腫瘍で結集させる」というものです。気づきましたか？　実は，先ほどの要塞問題とこの放射線問題は，まったく同じ構造をもっています。にもかかわらず，アメリカの大学生を対象として，放射線問題の前に要塞問題とその解を呈示しても正解率は約 40％止まりでした (Gick & Holyoak, 1980)。このことは何を意味するのでしょうか。
　私たちは，文章を読む際には，その題材に注目し，その本質（構造）にはあまり注意を払いません。そのため，学習の転移が起こりにくいのです。上の例のように，一方は戦いの話，他方は医療の話，というようにカバーストーリーがまったく異なる文章は「別物」として処理してしまいやすいのです。

# 質問の仕方が答を誘導する

　インタビュー調査や質問紙調査を行う際に，注意したいことがあります。それは，何気なく使った言語表現が回答者の答を左右することがあるという点です。たとえば，次のような2つの例が紹介されています (Loftus, 1975)。

　まず1つの例として，質問Aでは，「頻繁に頭痛が起こりますか？　もしそうなら週に何回くらいですか？」と尋ねます。すると，回答の平均は2.2回でした。一方，質問Bでは，「たまに頭痛が起こりますか？　もしそうなら週に何回くらいですか？」と尋ねます。すると，回答の平均は0.7回でした。質問の中に含まれる表現が答に影響を及ぼしたのです。

　どちらも頭痛の頻度を尋ねたものですが，「頻繁に」と「たまに」という部分が異なるだけで，答が違っています。まさに，質問表現に回答が誘導されたわけです。

　また，もう1つの例として，次のものがあります。質問Aでは，「そのバスケットボール選手はどれくらい背が高いのですか？」と尋ねました。すると，回答の平均は79インチ（約2m）でした。これに対して質問Bでは，「そのバスケットボール選手はどれくらい背が低いのですか？」と尋ねました。すると，回答の平均は69インチ（約1m75cm）だったのです。

　このように，質問する際の言語表現は，答を誘導する効果をもちます。その結果，データを歪めてしまう可能性があります。歪みのないデータをとろうとするならば，調査時の言語表現に気を配り，回答を誘導していないか慎重にチェックすることが必要です。

第2部　メタ認知的知識を学習と教育に活かす

# 代表値の用い方で判断が変わってくる

..............................................................................................

　A社の社員の平均年収は700万円であり，B社は500万円だと聞くと，つい私たちは「B社よりA社のほうが断然，給与待遇がよい」と考えてしまいがちです。しかしながら，この「平均値」のみを判断の基準にすることは危険です。
　たとえばA社では，社長や他の重役に気前よく高額の給与を支払っていたとすれば，どうでしょう。一般社員の年収が，たとえ400万円に届かなくとも，平均値は高くなります。これに対してB社では，まったく逆に，社長や他の重役の給与を抑えて他の社員の待遇を少しでもよくしようという方針であれば，一般社員の年収はA社よりも多くなることもあり得ます。A社とB社の給与分布の1つの可能性を考えたものが図2-11です。
　A社のように，データの偏りが大きい場合には，平均値は判断の基準になり得ません。データの分布を代表する代表値として，データを大きさの順に並べた時にちょうど中央に位置する値である中央値や，最も度数（出現頻度）の多いデータの値である最頻値などを見て判断する必要があるのです。
　データの分布によって，判断に役立つ代表値が異なるにもかかわらず，つい手軽な平均値に頼って判断してしまいがちである点に注意したいものです。

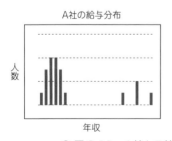
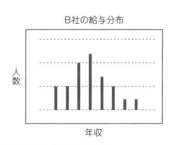

● 図2-11　A社とB社の給与分布の1つの可能性

Section 3　思考・判断・問題解決編

## 因果推理は短絡的になりやすい

　限られた情報から因果関係を考える際に，私たちの推理は短絡的になってしまうことが少なくありません。その典型的な例を，以下に挙げます。
①時間的前後関係と因果関係の混同：たまたまあることの後に何かが起こったために，前者が後者の原因だと思ってしまうことがあります。たとえば，ある会社の業績が急に悪化したことを，最近起こった社長の交代のせいだと思ってしまうのは，その例です。実際には，社長の交代の影響が出るまでには，ある程度の時間がかかりますし，他の要因にも目を向ける必要があるのですが，私たちはつい直前の出来事に目を奪われがちになります。
②相関関係と因果関係の混同：相関は因果の必要条件ではありますが，十分条件ではありません。たとえば，ある中学校で髪の長さと英語の成績に高い相関があったからといって，前者が後者の原因というわけではありません。女子が男子より英語の成績がよかっただけかもしれません。
③通常の状態への回帰の見落とし：偶然とれた素晴らしい成績は，次は下がる可能性が高いものです。逆に，いつもと違う悲惨な成績は，次は上がるだろうと期待できます。極端な結果は，通常の状態に戻る（回帰する）のですが，ここで教師が，偶然の結果に対してほめたり叱ったりすると，「成績は，ほめたら下がり叱ったら上がる」と考えてしまいかねません。
④循環的因果関係の見落とし：子どもが反抗的だと親はよく叱るようになり，親がよく叱ると子どもはさらに反抗的になりがちです。こうした場合，反抗的だから叱るのか，叱るから反抗的になるのか，解釈が分かれるところですが，実は原因と結果が循環しているのです。
　このように，私たちには一般に，因果関係を手っ取り早く推理してしまいがちである点に注意が必要です。

# アイデアの量と質とは比例する

　グループワークなどでアイデアを出す課題に直面すると,「少しでもよいアイデアを出さなければ」と身構えてしまう人が多いのではないでしょうか。あるアイデアを思いついたとしても,「これは言うに値することなのか」「平凡過ぎないか」「突飛過ぎないか」などと思い巡らし,頭の外に追い出してしまった経験はありませんか？

　アイデア生成においては,こうした「慎重さ」が裏目に出てしまうことが多いのです。なぜなら,生成されたアイデアの量と質は,ある程度比例するからです。

　オズボーン (Osborn, 1953) は,アイデアの量をたくさん出すことが質の高いアイデアの出現に繋がると主張しました。彼は,優れたアイデアを生成するための原則を,次の2つにまとめています。

①適切なアイデアかどうかの判断を先に延ばすことにより,多くのよいアイデアが出せる。

②アイデアをたくさん出せば出すほど,よいアイデアが出せる。つまり,アイデアの量を増やすことで質も高まる。

　あるアイデアが手がかりとなり,さらによいアイデアを思いつく可能性があります。それ自体は取るに足りないアイデアであったとしても,そのアイデアを排除せずにおくことで,よりよい発想に発展する可能性があるのです。

　このことを念頭に置いて,くだらないと思ったアイデアであっても,あえて出してみることが結果的には質の高いアイデアの生成へと繋がっていくでしょう。

# 「創造性は特殊な才能」という考えが創造的思考を邪魔する

　ワイスバーグ (Weisberg, 1986) は,「創造的な人は元々, 一般の人とは異なる特性を有している」(つまり, 創造性は非凡な才能である) といった信念を創造性神話 (creativity myth) と呼びました。このような信念は,「凡人である自分が創造的になるのは無理だ」という判断に結びついてしまいます。

　大学生を対象とした研究 (Yamaguchi & Sannomiya, 2012) でも,「創造的なアイデアを生み出すには生まれつきの才能が必要だ」と思っている人ほど, 創造的に考えることに消極的であることが明らかになりました。また,「運がよければ創造的なアイデアが湧く」と考えている人も, 粘り強く考えようとする態度が乏しいことがわかりました。一方で,「努力すれば創造的なアイデアが湧く」と考えている人は, 創造的に考えることに積極的であることもわかりました。

　さらに, 別の研究からは, 創造的な人は「自分は創造的だ」という自信をもっていることが示されています (Tierney & Farmer, 2002)。自信のある人は,「もっと創造的に考える余地があるのではないか」とふだんからいろいろなことに注意を向けて, 粘り強く考えをめぐらそうとします。一方, 自信のない人は, 最初からあまり考えようとはせず,「どうせ無理だろう」と諦めてしまいがちです。

　このことから,「自分には無理」ととらえることが創造的思考を抑制し,「やればできるのではないか」ととらえることが創造的思考を促進すると考えられます。

# 粘り強く考えると，よいアイデアが出る

　「いろいろなアイデアを出そうと考えてはみるのだけれど，なかなか根気が続かなくて……」という人はいませんか？　そもそも，多様なアイデアをたくさん出すことが求められる拡散的思考課題において，時間をかけて粘り強く考えることによる効果はあるのでしょうか？

　パルネス (Parnes, 1961) はハンガーのさまざまな使い方を考えるという問題に対するアイデア生成を課題として用い，時間経過と優れたアイデアの出現について調べました。その結果，アイデア生成の時間が5分の場合，優れたアイデアの平均個数は，前半の時間ではほぼ1個，後半ではほぼ2個という具合に，後半に優れたアイデアがよく出ていました。また，アイデア生成時間を15分に設定して5分刻みで（1/3ずつの時間で）優れたアイデアの平均個数を比較すると，優れたアイデアの平均個数はそれぞれ，4.84，5.09，5.81 となっており，最後の 1/3 の時間に多く出現していました（統計的に有意な差がありました）。この結果は，よいアイデアを得るためには，ある程度の時間をかける必要があることを示しています。

　また，別の研究では，10分間でレンガの非凡な使い方を考えさせる課題を用い，時間経過に伴って質の高いアイデアが出現することを報告しています (Beaty & Silvia, 2012)。

　なぜこんなことが起こるのでしょう？　それは，私たちの頭にぱっと浮かぶアイデアは，他の人の頭にも浮かびやすいものだからです。すると，そのアイデアは，誰もが思いつく平凡なものになってしまいます。

　楽に思いつくアイデアだけで満足して，考えるのをやめてしまったなら，ユニークなアイデアは出てこないでしょう。優れたアイデアを出そうと思うならば，ある程度時間をかけて粘り強く考えることが大切です。

Section 3 思考・判断・問題解決編

# アイデアをどんどん外化することが発想を促す

　自分ではしっかり考えたつもりでも，考えを誰かに話してみるとうまく話せず，「ちょっと考え不足だったかな」と気づいたことはありませんか？　このように，人に話すということは，自分では気づかなかったことを気づかせてくれるものなのです。たとえ相手が何もいわず，黙って聞いていたとしても，話すことには気づきを促す効果があります。

　考えたことを言葉にして外に出すことを，思考の外化といいます。聞き手に向かって，すべての考えを声に出しながら考えていく方法を発話思考法と呼びます (Ericsson & Simon, 1980)。もともと，言語報告をデータとして扱うために提唱された方法ですが，話し手にとっては，思考を外化することで自分の考えを理解し吟味しやすくなるというメリットがあります。

　では，聞いてくれる人がいなかったらどうすればよいのでしょうか？　書けばよいのです。書くことは話すことよりも，さらにいっそう考えを深めたり広げたりすることに役立ちます。

　創造的思考の場合にも，同じことがいえます。思いついたことを誰かに話したり，また，書いたりして外化することにより，アイデアが出やすくなります。山口・三宮 (2013) は，タイピング思考法と呼ぶ発想法を開発しました。たとえば，「新しい飲み物を考えよう」といった問題を出し，頭に浮かんだことをどんどんキーボードでタイプ入力してコンピュータ画面上で自分の考えを見ることができるようにすることで，一定の効果を上げています。

　このように，アイデアをどんどん外化していくことが，発想を活発にしてくれます。

# Section 4

# 意欲・感情編

　いくら認知能力が高くても，つまり頭がよくても，それが必ず発揮できるとは限りません。「学習に対して，どうもやる気が起こらない」という意欲の問題，あるいは「不安な気持ちや落ち込みが邪魔をして学習に集中できない」といった感情の問題を抱えていれば，認知能力を十分に発揮することができなくなります。

　意欲や感情は認知そのものではなく，「非認知的な要因」といえます。そして，この非認知的な要因が，実は認知能力を発揮できるかどうかを左右するのです。もちろん，非認知的な要因は認知能力の発揮を妨害するだけではありません。非認知的な要因がポジティブに働けば，認知的パフォーマンスを高めることも十分可能になるわけです。こうした原理についてのメタ認知的知識をもち，適切にコントロールを行うことが大切です。

　このセクションでは，意欲および感情についてのメタ認知的知識を見ていくことにしましょう。

第2部　メタ認知的知識を学習と教育に活かす

 「この学習は自分に役立つ」ととらえることが
意欲を高める

　「こんなことを勉強して，いったい何の役に立つのだろう」と思ったことはありませんか？　少なからぬ人々が，学校学習の中で，一度は疑問に思うのではないでしょうか。
　現在取り組んでいる学習が無益なものだと考えると，学習に対して意欲は湧いてきません。第1部のTopic 18でも述べたように，意欲は欲求，感情，認知の3つの要素から構成されると考えられています。したがって学習意欲は，欲求（〜を学習したい），感情（〜の学習が好き），認知（〜の学習には価値がある）が絡み合ったものです。このうち，「〜の学習には価値がある」つまり学習の有用性の認知は，「この学習は自分に役立つ」ととらえることに他なりません。学習に対する有用感が高ければ，学習意欲が湧いてきます。
　しかしながら，すべての学習内容に対して価値を実感することは，それほど容易ではありません。実用的・実践的な内容ならまだしも，基礎的な知識・スキルを学ぶ際には，その価値をただちに理解することは困難かもしれません。
　そこで，次の2つが重要です。1つは，教師がある内容を教える際に，「その知識がどのような状況で必要になるのか，どう役立つのか」をなるべく内容と併せて教えるよう心がけるということです。もう1つは，学習者側も積極的に，「この知識は何に使えるか，どう役立て得るか」を考える習慣をつけることです。知識の活用法を考案することは，「レンガの使い道をできるだけたくさん考える」といった用途考案課題と似たところがあり，創造的思考力を高めるトレーニングにもなります。
　たとえ，まったく無益に思える学習であったとしても，「この学習は頭を鍛えるのに役立つ」などととらえれば，当該の学習に有用性を見出し，意欲の向上につながるでしょう。

# 「自分にはできる」と考えると，やる気が出る

　やってみる前から「自分にはできない」と諦めてしまうことは，本当にできないという結果を招きます。逆に，「自分にはできる」という自信をもてば，やる気が出るため，行動を起こし，少々のことでは諦めずにがんばることができます。このような自信を，バンデューラ (Bandura, 1977) は自己効力感と呼びました（第1部の Topic 16 参照）。

　自己効力感を高めるには，「うまくいった」という過去の成功体験が役に立ちます。過去にがんばってうまくいった経験を思い起こすことにより，自己効力感は高まります。そのためには，小さなことの積み重ねが大切です。自信のない人にとっては特に，必ず成功する小さめの目標を立て，一つひとつ達成していくことが大切です。ごく小さなことから始めて，少しずつ目標を大きくしていくことで，自己効力感が膨らみ，さらにやる気が出るでしょう。

　また，他の人が努力して成功した例を見ることも効果的です。自分と能力や環境などの条件が似ている人ががんばる様子を見ると，励みになりますし，その人がやり遂げた姿を見ることは，さらに大きな励みになります。この原理を上手に使いましょう。「あの人にできたのなら，がんばれば自分にもできるはずだ」と考えることは希望をもたらし，やる気の源になります。

　さらにいえば，周りからの励ましが自己効力感を高めてくれます。「あなたならできるよ」といった教師や家族，友人からの励ましは大きな助けになります。逆に，「どうせあなたには無理だよ」というのは禁句です。このようなネガティブな言葉を投げかける人との接触は避け，ポジティブな励ましをくれる人からの言葉かけに耳を傾けて自己効力感を高め，やる気を出しましょう。

# 難しすぎず易しすぎない課題には
# 最もやる気が出る

　私たちが直面する学習課題には，難しいものもあれば易しいものもあります。人にはそれぞれ，得意不得意があるため，課題の難しさは人によって違ってきます。私たちのやる気は，課題の難しさによってどう変わるのでしょうか？

　アトキンソンとリトウィン (Atkinson & Litwin, 1960) は大学生を対象に，輪投げ課題を用いて，このことを調べました。この輪投げ課題では，投げる場所から円盤を引っかける杭(くい)までの距離を，1フィート（約30cm）から15フィートまでの範囲で1フィートずつ調整して難易度を操作しました。うまく円盤を杭に引っかけることができる可能性は，1フィートでは100％に近づき，15フィートでは0％に近づきます。

　このような輪投げ課題で，実験参加者がどの距離からの輪投げを選びたがるかを調べたところ，9〜11フィートの距離を選ぶ参加者が際立って多かったのです。しかも，このことは，課題を達成することへの不安が高い人にも低い人にも，つまり多くの人についていえることでした。

　この結果は，輪投げに限らず，学習課題にも当てはまるものと考えられます。課題が難しすぎると，「どうせできないだろう」というように達成できる期待が低くなります。一方，易しすぎる場合には，達成できる期待は高まりますが，挑戦する楽しさが感じられず退屈です。というわけで，課題が難しすぎても易しすぎても，私たちはやる気が出なくなります。

　一般には，学習へのやる気を高めるためには「少しがんばれば自分にもできそうだ」と感じられる，難しすぎず易しすぎない課題を選ぶことが安全でしょう。ただし，気持ちに余裕がある時や自分の好きなこと，特にがんばりたいことについては，やや困難度が高めのチャレンジングなレベルが挑戦意欲をかき立ててくれるでしょう。

Section 4 意欲・感情編

# 外発から内発へと，意欲（動機づけ）には段階がある

　最初は受験のために仕方なく勉強していた内容に，だんだん興味が湧いてきて，「もっと深く学びたい」という気持ちになったことはありませんか？　米国社会心理学の創始者と呼ばれるゴードン・オルポートは，このように手段や義務ととらえていた行動が，それ自体目的となり，自発的に行われるようになることを機能的自律性と呼びました。このように，動機づけの内容は変化します。

　第1部のTopic 18で，外発的動機づけと内発的動機づけを区別しました。しかし両者は，完全に分離されるものではなく，むしろ1つの連続体上にあると考えられます (Ryan & Deci, 2000)。下図のように，まず一方の端に，動機づけのない段階（まったくやる気のない状態）があり，他方の端に内発的動機づけの段階（やる気が内部から湧き出ている状態）があります。その間に位置するものが，外発的動機づけの段階です。

　学習についていえば，外発的動機づけの最初の段階は，ごく単純な報酬と罰による学習です。その次には，親や教師から叱られないように学習する（他者の規範を取り入れた）段階や，その規範に自分の価値観を合わせていく段階があります。いいかえると，「この学習には価値がある」「この学習は必要だ」と感じて，ある程度自律的に学習する段階です。その後に，内容そのものに関心をもち自発的に学習を行う，内発的動機づけに基づく段階があります。これが，最も自律的な動機づけとされています。

　現実には，このような段階を順に経ていくとは限りませんが，最初はやる気がなくとも，外発的動機づけを上手に活用して，少しずつ内発的・自律的な段階へと進んで行くことが可能だということを知っておくとよいでしょう。

# がんばってもうまくいかないことを
# 何度も経験するとやる気を失う

　「努力しているのにうまくいかない，失敗した」という経験を重ねると，自信をなくし，がんばろうとする意欲も失ってしまうことは，容易に想像できますね。この想像を裏づける実験があります。

　第 1 部の Topic 18 では，がんばってもどうにもならない体験をした犬が無気力になる話が出てきましたが，ヒロトとセリグマン（Hiroto & Seligman, 1975）は人間を対象とした実験を行っています。ヒロトたちは大学生に，解決の不可能な問題を与えて考えさせました。いくら考えても問題が解けないわけですから，彼らは自信をなくします。そしてその後，今度は十分解決可能な問題を与えたにもかかわらず，もはや彼らは問題を解こうともしなかったといいます。大学生は先の経験によって，自分が行動を起こしても結果は何も変わらないという，行動と結果の関連性（随伴性）のなさを学習してしまいました。そのため，自分から行動を起こす意欲を失ったのです。「がんばってもどうにもならない」という経験を重ねることで，無力感を学習してしまうのです。これを，学習性無力感あるいは獲得された無力感（learned helplessness）と呼びます。

　この学習性無力感を，自ら引き起こしてしまうこともあり得ます。自分に対して高すぎる目標を設定してしまい，いつもそれを達成できないという場合です。これは，真面目で理想の高い人に起こりがちであると考えられます。自分ではなかなか気づきにくいものでしょうが，懸命に努力して目標に向かっているのに挫折を繰り返すという場合には，目標が高すぎないかを一度見直してみたほうがいいかもしれません。

　自分にとってあまりにも高すぎる目標は，何度も失敗を重ねる可能性を高め，かえってやる気をなくしてしまいかねません。「ほんの少し高め」の目標を設定し，徐々にハードルを上げていったほうがよいでしょう。

Section 4　意欲・感情編

# 好きで学習していることにご褒美を出されると，逆にやる気がなくなる

　あなたが好きで勉強しているのに，「勉強した時間に応じて，お小遣いを追加してあげる」と親からいわれたら，あなたは喜ぶかもしれません。でも，これは結果からいうと「危険な罠」です。なぜなら，増額されたお小遣いと引き替えに，あなたから自発的な意欲（内発的動機づけ）を奪ってしまうことになりかねないからです。

　デシ（Deci, 1971）は，大学生を対象として，報酬（ご褒美）の効果を調べました。すると，自発的にパズルを解いていた学生が報酬をもらい始めると，一時的にはパズルに向かう時間が伸びたものの，無報酬に逆戻りすると，あまりパズルに向かわなくなってしまったのです。このように，もともと内発的動機づけによって生じていた行動に対して，報酬を与えるといった外発的動機づけを行うことにより意欲が低下するのは，第1部の Topic 18 で述べたように，アンダーマイニング効果が生じるためです。

　私たちは，自分のことであっても，100％正しく把握できているわけではありません。「自分はなぜこの行動を起こすのか」という動機・目的の認知も，実は揺らぎやすいのです。そのため，自発的に行っていたことであっても，報酬を受けとることによって，「自分は報酬をもらうためにやっているのだ」と，認知の変容が生じるのです。一方，ほめ言葉は通常，上述のような副作用のない安全な報酬です。ただし，注意すべき点はあります。それは，能力ばかり強調してはめるのは避けたほうがよいという点です。たとえば，よい成績を上げた学習者に対して，「あなたは頭がいいからね」と能力をほめると，人によっては「今後，失敗は許されない」とプレッシャーを感じてしまう場合があります。これに対して，「今回の成績，すごくよかったね」など，成果そのものをほめることには懸念すべき点はなく，やる気を高める効果があるでしょう。

129

# 学習の成果は自分次第であると考えると学習意欲が高まる

　第1部のTopic 16とも関連しますが,「がんばれば成果が上がる」と期待すると,やる気が起こります。これに対して,結果は運次第あるいは他者頼みで,自分ががんばるかどうかは,それほど結果に影響しないと考えれば,やる気も起こりません。では,自分ががんばれば結果をよい方向に変えることができるという期待は,どこから来るのでしょうか?

　ロッター (Rotter, 1966) は,行動と結果の随伴性認知のあり方が期待に影響すると考えました。つまり,ある望ましい結果を自分の行動や特性によって生じた(随伴した)ものと認知すれば,次への期待も高まりますが,そうではないと認知すれば,期待は高まりません。よい学習成績を収めることができた場合に,自分が努力したからだ,あるいは自分は頭がよいからだと考えると(内的統制への帰属),期待とともに学習意欲が湧いてきますが,課題が易しかったから,あるいは単に運がよかったからだと考えると(外的統制への帰属),期待は高まらず意欲も湧かないでしょう。ワイナーら (Weiner, Frieze, Kukla, Reed, Rest, & Rosenbaum, 1971) は,この考え方を受けて,成功や失敗の原因をどう帰属するか,その種類を表2-2のようにまとめました。

　このように,学習の成果は自分次第であると考えることによって,学習意欲を高めることができます。

● 表2-2　学習成績の帰属 (Weiner et al., 1971を参考に作成)

|  | 安定的 | 変動的 |
|---|---|---|
| 内的統制 | 自分の能力 | 自分の努力 |
| 外的統制 | 課題の難易度 | 運 |

Section 4 意欲・感情編

# 自分で選べるという感覚がやる気を高める

　何かをしようとする際に，私たちは通常，選択肢の中から自分で自由に選びたいと考えます。「これでなければだめだ」と言われると，やる気をなくしてしまうことがあります。
　ツッカーマンら (Zuckerman, Porac, Lathin, Smith, & Deci, 1978) は，このことを実験的に明らかにしました。彼らは幼稚園児の一方のグループには，8色のマーカーを見せて，どれでも好きな色を使って絵を描くように言いました。他方のグループには，32色のマーカーを見せて，その中から実験者が選んだ8色のみを使って絵を描くように言いました。すると，8色の中から自由に選ぶことができた子どもたちは，32色のマーカーを見せられた上で8色に制限されたグループの子どもたちよりも，絵を描く時間が長くなっていました。
　このことから，ツッカーマンらは，「自分で自由に選べる」と感じることがやる気を高めると考察しています。逆に言えば，「選択の自由が制限された」と感じることがやる気を低下させると考えられます。
　興味深いのは，客観的な選択の範囲は同じであったにもかかわらず，実験参加者の主観，つまり彼ら自身がどう感じたかによって結果が変わったという点です。多くの選択肢（32色）があるにもかかわらず，そのうちのごく一部（8色）だけを許可されるということは，自分の選択意志が尊重されないと感じさせてしまいます。
　学習においても，この原理は当てはまりそうです。たとえ選択結果が同じであったとしても，学習者が主観的に「自分の意志で選んだ」と感じられるような状況をつくることが大切です。このことは，学習者の心がけだけの問題ではなく，教師を含め，周りの人々の配慮に関わる問題でしょう。

# 評価ばかりを気にすると
# 学習における新たな挑戦意欲が低下する

　人が何かを学ぼうとする背景には，どのような目的・目標があるのでしょうか？　それはさまざまで，一括りにはできないでしょう。けれどもドゥエック(Dweck, 1986)によれば，何を目指して学習するかという学習目標は，大きく2つに分けることができます。1つは習得目標（learning goal）であり，他の1つは遂行目標（performance goal）です。

　習得目標に基づいて学習する人は，新たな学びによって自分の能力を伸ばすことを目標とします。そのため，難しいことにも挑戦意欲をもちますし，失敗は課題解決の手がかりであるととらえ，失敗を嫌がりません。一方，遂行目標に基づいて学習する人は，自分の能力に対して高い評価を得ること，低い評価を避けることが目標となります。そのため，評価に悪影響を及ぼしかねない，失敗する可能性のある難しい課題には挑戦したがらなくなるのです。

　ドゥエックは，この2つの学習目標の背景には，異なる知能観があると考えました。習得目標の背景には増大的知能観があり，遂行目標の背景には固定的知能観があるととらえたのです。増大的知能観に立てば，自分の能力はこれから伸ばせると考えるため，他者からの評価よりも学ぶことそのものを重視します。一方，固定的知能観に立てば，能力自体は伸びないと考えるため，学ぶことそのものよりも，現在の能力を他者に対していかに高く見せるかを重視するというわけです。

　このことから，評価にとらわれすぎず，学びそのものを目的とすることの大切さがわかります。もちろん，入学試験のように，他者評価が自分の今後を左右する場合には，評価が気になるのは当然です。しかし，ふだんからいつも評価ばかりを気にするのではなく，「自分の力を伸ばす」ことに関心をもつことが挑戦意欲を高めてくれるでしょう。

Section 4　意欲・感情編

## 過度にがんばりすぎると，その後しばらく自制心が働かなくなる

　意志の力を振り絞って自分をコントロールしてがんばった後，あたかも意志力を使い果たしたような状態になり，自制心が働かなくなった経験はありませんか？　まるで意志力という心的エネルギーには限りがあるかのように見えるこの現象は，バウマイスターら (Baumeister, Bratslavsky, Muraven, & Tice, 1998) によって，自我消耗（ego depletion）と名づけられました。

　自我消耗については，後の心理学者たちによって，さまざまな実験が行われています。たとえば，難しい課題に我慢して取り組んだ後では，自由に選ぶことのできる2種類のデザートのうち，フルーツサラダよりもチョコレートケーキを選んでしまうことが明らかになっています。つまり，ふだんは健康志向で糖分を控えている人であっても，ついつい甘いチョコレートケーキに手が伸びてしまうというわけです。他にも，我慢を強いられた後では，通常よりも理性的でなくなる，つまり自分のやりたいようにすることがわかりました。

　このように私たちは，自分の気持ちを抑えつけてがんばっていると，その反動が生じたかのように，自分を抑えられなくなることがあります。意志力を使い過ぎると，その後しばらくは自制心が働かなくなるのです。難しい，あるいはやりたくない課題に無理をして取り組み続けたり，嫌なことに堪えたり，食べたいものを我慢したりした後では，まるで自制心を失ったかのように，衝動的な思考や行動に走ってしまうことが，数々の実験により報告されています。

　ここからいえることは，我慢を重ねてがんばりすぎると，その反動が現れるということです。学習においても，自我消耗を起こす手前で打ち切ったほうがよさそうです。ただし，訓練によって，もちこたえられる範囲が広がり，自我消耗が簡単には起きにくくなります。要は，いきなり無理をするのではなく，少しずつ，慣らしていくことが肝心でしょう。

# 自分が学習の主体だと感じれば
# 学習者は能動的になる

　何事もそうですが，学習においても，教師にいわれるがまま与えられた課題を受動的にこなすだけでは，学習者は能動的にはなれません。能動的な学習者になるためには，他者にコントロールされていると感じるのではなく，自分が学習の主体であるという行為主体性 (Bandura, 1989) を実感する必要があります。

　何を学ぶか，どう学ぶか，どれくらい時間をかけて学ぶか，といったことの決定が学習者に任されているほど，学習の行為主体性は高まります。したがって，教師がすべてを決めてしまうのではなく，何か小さなことでもよいので，できるだけ学習者に選択や決定を任せることが必要です。

　たとえば，「次の2つの課題のうち，どちらか好きなほうを選んでよい」と指示するなどです。たとえわずかであっても選択肢があるほうが，学習者は主体的・能動的になれるのです。また，逆に，学習者が能動的になることによって，教師も安心して学習者に選択や決定を任せることができるようになるでしょう。

　第1部の Topic 16 でも述べましたが，私たちは学習において，自分の行為が結果を左右するのだと認知すれば，自分自身が学習の主体であると感じることができます。この行為主体性の感覚は，客観的事実よりも主観的な認知によって生じます。

　したがって学習が能動的になるためには，「がんばって勉強したら，成果が出た」「自分が学習方略を工夫した時には，よい結果が出た」というように，学習者にとって，自分の行為が成果を招いたという，行為と結果の随伴性が明確に感じられるような学習環境が望ましいでしょう。

Section 4 意欲・感情編

# 多少苦手な科目も
# 頻繁に接していると親しみが湧く

　テレビのコマーシャルや新聞・雑誌の広告などで，よく目にするものに何となく親しみを覚えてしまったり，よく見かける人に親しみを感じたりしたということはありませんか？　これは，単純接触効果（mere exposure effect）と呼ばれるもので，人やものなどに何度も繰り返し接触することによって，好感度が高まり，印象がよくなっていくという現象です。

　頻繁な接触が親しみ・好意をもたらすという，この一見単純な現象は，なぜ起きるのでしょうか。ザイアンス（Zajonc, 1968）は単純接触効果を，新たに出現した刺激には身構えるが，何度も接している刺激は安心できるため好まれるからだと説明しています。

　この効果は，非常にシンプルでありながら，効き目があります。目に見える人やものに限らず，ものごとや内容に対しても生じるため，教科や学習内容にも当てはまります。

　度を超して嫌いでなければ，関心のもてない科目やあまり好きではない内容の学習にも，この効果を使うことができます。たとえば化学が嫌いだけれども勉強しなければならないという人は，化学を易しく解説した初心者向けの雑誌を読んだり，元素記号の表をもち歩いて眺めたり，化学好きな人と化学について話すことなどよって，少しずつ嫌いな気持ちが薄らいでいくかもしれません。

　よほど嫌いな内容でなければ，単純接触効果が期待できるため，試してみる価値は十分にありそうです。

# 気分がよいと発想が豊かになる

　気分が沈んでいる時に比べて楽しい気分の時には，いろいろなことを思いつく気がしませんか？　実は，このことは実験によって裏づけられています。

　リッターとファーガソン (Ritter & Ferguson, 2017) は，音楽によって気分を操作し，創造的思考課題の1つである拡散的思考課題の成績を比較しました。気分を操作するために，彼らは次の4種類の音楽を用意しました。

　①静かな音楽：「動物の謝肉祭」の中の"白鳥"（サン‐サーンス作曲）
　②楽しい音楽：「四季」の中の"春"第一楽章（ヴィヴァルディ作曲）
　③悲しい音楽：「弦楽のためのアダージョ」（バーバー作曲）
　④不安をかき立てる音楽：「惑星」の中の"火星"（ホルスト作曲）

　拡散的思考課題として用いたのは，「通常とは異なるレンガの使い方をたくさん考え出す」というものでした。

　すると，音楽を聴かずに課題に取り組んだ人々と，②の楽しい音楽を聴きながら課題に取り組んだ人々との間に明確な差が生じていました。つまり，楽しい音楽を聴きながら課題に取り組んだ人々の成績が明らかに優れていたのです。楽しい音楽は，聴く人の気持ちをポジティブにしてくれるだけでなく，覚醒効果もあったため，発想が豊かになったのではないかと考えられます。学習には，邪魔にならない静かな音楽がよいとの通説がありますが，「発想」という目的には，静かな音楽よりも生き生きと楽しげな音楽がよいようです。

　音楽による気分誘導の手法は心理学実験においてもよく用いられますが，他にも，お笑いビデオや愉快な話によって実験参加者を楽しい気分にさせ，創造的思考課題の成績を向上させたという知見もあります (Ziv, 1976)。

　発想を豊かにするためには，気分をよくするのに効果的な刺激に触れることによって，楽しい気分で臨むことが役立ちそうです。

# テスト不安はテスト成績を低下させる

　入試などの大切なテストが近づくにつれて，不安な気持ちが強まっていくのは，多くの人が経験することでしょう。通常，テストの前には，「失敗したくない」「失敗したらどうしよう」などと考えてしまいがちです。これが高じると肝心の勉強が手につかなくなってしまいます。

　テスト不安はこのように，テストを受ける前に過度の不安や緊張感，テストの失敗への恐怖を感じることによって，集中力が低下し本来の実力を出せなくなる状態を招きます。強い不安から逃れるために，テストを受けることを諦めてしまうといった結果を招くことさえあります。

　通常，テストは私たちを評価するために行われるものですから，評価される側に立つと，ストレスを感じるのは当然のことです。テストで失敗し，低い評価を受けることを心配するといった認知的な反応が起こり，加えて，テスト不安により神経過敏や心拍数の増加といった身体反応が生じます。

　セイップ (Seipp, 1991) は，こうした心配が，かえってテストの出来を悪くすることを指摘しています。つまり，テスト不安が高いと自分の成績評価を心配するあまり，認知資源を「心配」に奪われてしまい，かえってテストの成績が悪くなるわけです。

　認知資源はできる限り節約して，テスト準備に集中的に投入したいものです。そのためには，「心配ばかりしていると，学習に使うための貴重な認知資源を無駄にしてしまう」ことを思い出し，自らにそう言い聞かせる必要があるでしょう。

# 楽観的な気持ちで臨むと学習もうまくいく

　たとえ困ったことが起きても,「まあ何とかなるだろう」と気楽に構えていると, 結果的にうまくいったという経験はありませんか？　ものごとに対する態度には, 楽観と悲観がありますが, 単純化していえば, ものごとに楽観的な態度で臨むほうがうまくいきやすいのです。

　前に述べた学習性無力感の研究で有名なマーティン・セリグマンは, その後「うつ病研究」に向かいました。そして, うつ病研究を進めるうちに, どれほど多くの失敗やストレスに直面しても立ち直り, うつ病にはならない人がいることを発見しました。その人たちは, つらい経験をしても無力感に陥らず, 希望をもって立ち上がり, 幸せになることが多いのです。このことを不思議に思ったセリグマンは,「楽観性の研究」に取り組み始めました。そして, 楽観的な人つまりオプティミストは成功するという結論に至ったのです。

　楽観的な考え方をする人は, 自分の行動の結果がうまくいくと期待します。学習に引き寄せていえば,「自分は, がんばれば希望の大学に入れるだろう」といった期待をもちます。こうした結果への期待は, 当然, やる気を著しく高めます。まさに, 楽観がもたらすそうした動機づけの高さにより, 行動が引き起こされ, 結果的にうまくいくことが多くなるわけです。これは決して, 強く念じるだけで望みが叶うといったことではありません。最後は, 実際の学習行動がものをいうのです。

　さらに, こうした楽観的なものの考え方をしていれば, 当然メンタルヘルスは良好に保たれます。その結果, 楽観的な人は免疫力も高く, 身体も健康であるとされています。

　そうした理由から, 学習に関しても, 可能な限り楽観的な態度で取り組むことがよい結果につながるでしょう。

Section 4　意欲・感情編

## ネガティブな感情は書き出すことで和らぐ

　怒りや悲しみなどのネガティブな気持ちを他者に悟られまいと封じ込めることで，さらに大きなストレスを感じるということはありませんか？　実は，これは多くの人々が体験していることであり，健康を損ねる原因ともなるのです。もちろん，ネガティブな感情は，学習への集中を妨げる要因でもあります。

　ネガティブな感情を表に出さないのは，他者から否定的な反応を返されたくないためであるとか，他者を嫌な気分にさせたくないため，否定的なことは語るに値しないと考えているためなど，人によっていろいろな理由があるでしょう。あるいは単に，そうした心情を吐露する相手がいないということかもしれません。

　しかしながら，他者に話す（自己開示する）ことには，大きな意味があるのです。ネガティブな感情を言語化することによって気持ちを楽にするという手法は，カウンセリングにも用いられており，カウンセラーが聞き役を務めます。

　人に話したくない場合には，書くという方法があります。これは，筆記開示と呼ばれるストレス対処法で，ペネベイカーとビール (Pennebaker & Beall, 1986) が開発したものです。具体的には，ストレスを感じた出来事について，考えたことや感じたことを毎日20〜30分かけて書き出し，これを数日間繰り返します。書いたものを，誰かに見せるわけではありません。

　このように，いたってシンプルな方法であるにもかかわらず，大きな効果が期待できます。ストレスが軽くなるのはもちろんのこと，ストレスに起因する身体の不調も緩和され，健康状態がよくなるといいます。

　ネガティブな気持ちを書き出してみることは，自分の考えを整理することにも役立ちますので，ストレスを解消し学習に打ち込むためにも，取り入れてみる価値がありそうです。

# Section 5

# 他者との協働・コミュニケーション編

　仲間と協力し合って学ぶという協同学習は，今後ますます学習の中で大きな位置づけになっていくことでしょう。自分ひとりではできないことも，仲間と力を合わせれば可能になるということは少なくありません。また，討論をはじめとする他者との意見交換によって考えが深まったり広がったり，新たな着想が得られたりすることもあります。さらには，自分だけで取り組むよりも他者とともに取り組むほうが，楽しく意欲的に学べることも多いものです。

　しかし，一見よいことばかりに見える他者との協同学習にも，気をつけなければならない落とし穴が潜んでいます。協働することの利点に加えて，こうした留意点をも知っておくことが必要です。利点と留意点の両方についてのメタ認知的知識をもつことによって，他者とのよりよい協働を活かした学習が可能になります。また，協働のためにはコミュニケーションがうまく機能することが前提になります。

　このセクションでは，他者との協働やコミュニケーションについてのメタ認知的知識を紹介することにしましょう。

第2部　メタ認知的知識を学習と教育に活かす

## 他者に教える（説明する）ことは理解を促進する

「教えるよりも教えてもらうほうが得をする」と思っていませんか？　実は「教えることも得」なのです。どう説明すれば相手が理解しやすくなるかをあれこれ考えて工夫すること自体が，自分の理解を確かなものにしてくれます。

第1部のTopic 11で紹介したパリンサーとブラウンの相互教授も，教え合うことを通して理解の深まりを目指していました。また，タンら (Tan, Biswas, & Schwartz, 2006) はコンピュータ上のベティという女の子に小学生が教えるという形をとって，LBT（learning by teaching）の効果を示しました。

他者に教えることには，社会的責任を伴います。相手が，よくわからないという顔をしていれば，説明方略を変える必要があります。いい加減なことを教えるわけにはいかないので，きちんと考え，わかりやすい例を探したり説明の順序を工夫したりします。そうすることが精緻化リハーサルとなり，自分自身の学習内容の定着が促されるわけです。

なお，教えるという行為には，自分の理解している内容を説明することが含まれています。これに関して，もともとチら (Chi, Leeuw, Chiu, & LaVancher, 1994) は，テキスト学習時に考え理解した内容を話す条件のほうが学習するだけの条件よりも理解成績が高くなることを示し，これを自己説明効果と呼んでいました。一方，伊藤・垣花 (2009) は相手にビデオを通して説明するという設定の条件では効果が見られず，相手の反応を見ながら対面で説明する条件において効果が表れたと報告し，単なる説明生成のみでは効果がない可能性を示唆しました。

こうしたことから，目の前にリアルな相手がいて，「わかった」「わからない」というフィードバックを言葉や表情で返してくれる状況の中で，その相手にわかるように説明しようと工夫することが，自分自身の学習にとって，より効果的と考えられます。

Section 5　他者との協働・コミュニケーション編

## 他者との自由なやりとりは創造的思考を促す

　発想技法の1つとしてよく知られるものに、「ブレインストーミング法」があります (Osborn, 1953)。以下、この技法について紹介しましょう。
　ブレインストーミング法は通常、グループでアイデアを出し合う技法で、次の4つのルールを守らなければなりません。
　①できるだけ多くのアイデアを出す
　②自由奔放(ほんぽう)な考えを尊重する
　③出されたアイデアを批判しない
　④アイデアどうしを結合し改善する
　こうした発想法にふさわしい、多くの解答を出し得る問題を設定することが大切です。たとえば、「外国語としての英語を教え始める時期は、いつ頃が最適か」といった価値判断を必要とする問題は、ブレインストーミングにはあまり馴染まないようです。
　また、ここで重要な役割を果たすのは、グループリーダーです。リーダーは、あらかじめアイデアのリストを自ら作成しておき、話し合いが滞ったり話が逸れたりした時には、自分が用意したアイデアを出しながら流れを元に戻す必要があります。
　ブレインストーミングへの参加メンバーは、社会的地位が同等である人々がよいとされています。地位の高い人が混じっていると、自由な発言がしにくくなるためです。ブレインストーミングが効果的に行われるためには、自分たちよりはるかに上の立場の人が混じっていないことに加えて、安心してものが言える雰囲気が必要です。「こんなことを言って大丈夫だろうか」という不安があれば、創造的なアイデアはなかなか出せません。まずは、本当に何を言っても大丈夫、受け入れてもらえるという安心感をもてることが大切です。

# あいづちとうなずきがアイデアを引き出す

---

　ブレインストーミングでは,「何を言っても大丈夫, 受け入れてもらえる」という安心感が大切であることを, 先に述べました。では, この安心感は, どこから生まれるのでしょう？

　私たちは, 誰かに自分の考えを話す時, 相手の反応を観察します。たとえば, 相手が腕組みをして難しい顔をしていれば,「私の考えに賛成ではないのだ」と考えますし, こちらの目を見ないで, どこかよそ見をしていれば,「私の話に関心がないのだ」と感じます。聞き手がそのような, 否定的な反応をすれば, 話し手は, 話す意欲がだんだんと薄れてきます。

　筆者らは, 結果を予想する拡散的思考課題において,「うんうん」「そうそう」「それいい」といった肯定的なあいづちが話し手のアイデア産出量に及ぼす影響を調べました (Sannomiya, Kawaguchi, Yamakawa, & Morita, 2003；三宮, 2004)。すると, 話し手のほうを見て, うなずきながら頻繁にあいづちを打った場合には, 話し手は活発に話しただけでなく, より多くのアイデアを考え出すことができたのです。また, 聞き手にあいづちを打ってもらうことにより, 話し手は,「自分の考えに関心をもってくれている」「自分の考えに同意してくれている」「自分の考えをほめてくれている」と感じ, 考える意欲が湧きました。

　この結果から, アイデアを引き出すためには, 聞き手の態度がとても重要な役割を果たすということがわかります。

　学習者どうしが互いによい聞き手となって, 発想力を伸ばし合ってはいかがでしょうか。

Section 5　他者との協働・コミュニケーション編

## 他者の考えに触れることが発想力を高める

　ブレインストーミングでは，他の人の考えに触れることで触発され，アイデア産出が促進されるという側面があります。この「他者の考えに触れること」の効果を，筆者らは実験的に調べてみました (Sannomiya, Shimamune, & Morita, 2000)。

　大学生の実験参加者に対して「いつものようにカレーを作ったのに，おいしくありません。なぜでしょうか」といった原因推理の問題を出して，できるだけたくさんの原因を各自で考えて書いてもらいます。その後，「他の人はこんな原因を考えました」といって，用意した推理例を見せました。彼らはすでに自分の考えを書き終えており，他の人の考えをまねることはできませんが，「ああ，そんな考えもあったのだな」と感心しながら見るわけです。

　実験群では，毎回問題を変え，さまざまな問題に対して「自分で考えた後，他者の考えを知る」ということを繰り返す発想トレーニングを行いました。一方，統制群では，実験群とまったく同じ問題について毎回個人で考えるトレーニングを行います。

　すると，実験群の人たちは，ただ自分で考えただけの人たちよりも，たくさんの推理ができるようになっていました。また，量だけでなく，質の高い推理ができるようになっていました。

　この結果から，アイデアを出す力を高めるためには，他者の考えに触れることが役に立つということがわかります。加えて，さまざまな種類の問題について考えてみることが役立つと考えられます。

# 頻繁な発話交替が
# 問題解決のアイデアを出しやすくする

　とかくグループで話し合いをする場合には，自分の順番が回ってきた時に，一度にまとめてあれもこれも言ってしまわなければと思ってはいませんか？

　会議などでよく見かけるのは，全員が平等に発言できるようにとの計らいから，席の並びなどで発話の順番を決めて，順に意見を言っていくという方法です。実は，このようにまとめて多くのことを一度に話すというスタイルは，問題解決を目指してグループで話し合うといった目的には，あまり向いていません。

　筆者らが以前に行った研究では，3人ずつのチームを作り，「学生がもっと熱心に勉強するよう仕向けるにはどうすればよいかを教師の視点に立って考える（アイデアを出す）」という問題を出し，学生たちに話し合ってもらいました。すると，頻繁に発話交替を行っているチームは，そうでないチームよりも多くの解決法を産出する傾向があったのです (Fujihara & Sannomiya, 2002)。

　話し合いの中では，他のメンバーのアイデアに触発されて，自分も新しいアイデアを思いつくという効果があると考えられます。また，他者のアイデアを少し加工したり，自分の考えと融合させたりすることもあるでしょう。小まめに発話交替を行うと，こうした効果が出やすくなるのではないかと思われます。一方，一人ひとりがたくさんの内容を一度に話すと，そうした相互作用が生じにくくなるのではないでしょうか。

　グループでの話し合いにおいても，各人が延々と話すのではなく，どんどん交代して話すほうが，解決のためのアイデアが生まれやすいと考えられます。

# 個人思考と協同思考を
# うまく使い分けることが大切

　グループワークである問題について考える時，最初から最後までみんなで一緒に考えたほうがよいのでしょうか？　それとも，まずは個人で考えた後にもち寄るほうがよいのでしょうか？

　これは，考えるべき問題にもよるでしょう。しかしながら，いつもグループで考えるばかりだと，自分が自力で考えているのか，それともグループに流されているのかがわからなくなります。やはり，個人思考と協同思考をバランスよく使い分けたいものです。

　ちなみに筆者ら (Sannomiya & Yamaguchi, 2016) は，中学生を対象に「個人思考の後で他者の考えに触れる」ということを繰り返すトレーニング実験を行い，トレーニングを受けなかった条件との成績比較を行うとともに，実験参加者のトレーニングに対する評定を5段階で求めました。すると，トレーニング条件における成績（アイデアの個数および多様性）の伸びが明確に認められたことに加え，「自分で考えた後に他の人の解答を見ることは，（その後の別の問題においても）いろいろな考えを出すのに役立った」という項目に対する平均評定値が最も高く（平均4.29，標準偏差0.89）なりました。

　自力でできる限りたくさんアイデアを考えた後で，他の人の考えに触れるという手順を何度も繰り返すことが，このトレーニングの効果を生み出すと考えられます。他者のアイデアを先に見てしまうのではなく，自分で十分に考えた後に見ることがポイントとなるでしょう。考えている最中に他者の考えに触れることをIE（idea exposure）といいますので，「考えた後で他者のアイデアに触れる」というこのトレーニング法を，IPE（idea post-exposure）メソッドと呼ぶことができます。

## 討論は複眼的なものの見方を助ける

　ものごとは、価値観や立場の違いによって、とらえ方が異なるものです。柔軟な問題解決のためには、まず多様な考え方を知ることが必要です。しかしながら、とかく私たちは、自分の考えを支持する情報に目が向きがちであり、その逆の情報には目が向きにくいものです。このような「偏り」を、マイサイドバイアス (myside bias) と呼びます (Baron, 1995)。

　特に、ネット上で目に触れる情報は偏りがちであり、自分の考えに近い人の意見に接することが多くなるでしょう。そうなると、マイサイドバイアスは、いっそう強まってしまいかねません。ものごとを多面的にとらえるためには、マイサイドバイアスからの脱却が必要なのですが、自力ではなかなか難しいものです。

　そこで、討論において、自分とは異なる考えをもつ人の意見に耳を傾けることが役立ちます。主張が真っ向から対立する人には、その主張の根拠を聞いてみると、「なるほど」と納得できる部分があるかもしれません。また、第1部の Topic 11 で述べたように、「賛成」や「反対」といった主張は同じでも、異なる根拠に基づいている場合もあります。さまざまな根拠によって意見が組み立てられているということを知るのも大切です。

　討論は、まさにこうした貴重な機会を提供してくれるものです。また、討論の際には、「ものの見方を複眼的にする」というメタ認知的な目的を意識しながら臨むことが大切です。こうした意識をもって、積極的に他者の意見に耳を傾ける姿勢で皆が討論に臨めば、参加者にとって、さらに実りの多い討論になるでしょう。

# 討論でものごとを決める場合，思慮が浅くなることがある

　討論を経て決めた決定事項に，少し違和感を覚えた経験はありませんか？討論は多くの場合，個人の思考によい影響をもたらしてくれるのですが，まったく弊害がないわけではありません。

　複数のメンバーからなる集団（グループ）の話し合いでものごとを決める場合，時として，個人で考えるよりも思慮が浅くなってしまうことがあります。集団の合議が浅はかな考えで愚かな判断を招いてしまう現象を，ジャニス (Janis, 1972) は集団浅慮 (groupthink) と呼びました。集団浅慮は，その集団の凝集性が高い場合や，外部の情報が得にくい状況，強固な方針を貫くリーダーが存在している，といった条件のもとで起こりやすくなります。歴史的に見ると，キューバ侵攻など，当時のアメリカ政府の外交政策の誤りとされる決定は，集団浅慮が原因で起こったという説があります (Janis, 1982)。

　もちろんグループ討論には，個人では思いつかない考えに触れ，それに触発されるなどのよい点もあります。しかし，何かをグループで話し合って決める場合には，集団浅慮に陥らないよう，最終決定には慎重になることが必要です。

　たとえば，次のような対策が有効と考えられますので，取り入れてみるとよいでしょう。

・多様な意見を奨励し，討論を活発にする
・批判的な意見を歓迎する
・リーダーは自分の考えを最初には言わないようにする
・結論が出た後，その結論に至った思考のプロセスを全員でふり返る
・信頼できる外部の人にも意見を求める

注）「groupthink」は集団思考と訳されることもありますが，単に複数の人々で考えるという意味ではなく，その弊害を指すものです。

第2部　メタ認知的知識を学習と教育に活かす

## 討論では同調圧力が生じることがある

............................................................

　討論の中で，自分だけが皆と異なる意見をもっている場合，なかなか言い出しにくいものです。特に日本では，「皆と同じ」ということが安心に繋がります。周囲から「あの人は変わっている」と思われることを恐れる風潮があるようです。ひとりだけ違った意見を言おうとしても，無言の圧力を感じて皆に合わせてしまうこともあるのではないでしょうか。

　このように，自分の考えや行動を多数派に合わせて変えることを同調 (conformity) と呼びます。アッシュ (Asch, 1951) の古典的な実験により，図2-12のような単純な問題に対してさえ，同調への圧力がかかると，まちがった答を出してしまうことが明らかになりました。サクラたちがあえてまちがった答を言うと，実験参加者の多くは，「まちがっているのではないか」と思っても，つい多数派に合わせてしまうのです。

　こうした同調圧力は，ものの見方を歪めてしまう原因となります。討論などの司会者は，意識的に多様な意見を出しやすくする雰囲気をつくることが大切です。その結果として意義のある討論を実現することができるでしょう。

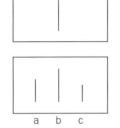

問題「上の線分と同じ長さの線分は下のどれか？」

これに対して，サクラたちがみな「a」と答えると，たった1人の本物の実験参加者は，「b」だと思っていても「a」と答えてしまう。

● 図2-12　同調実験で用いられる図 (Asch, 1951 より作成)

# グループワークで
# 社会的手抜きが生じることがある

複数のメンバーでグループワークを行う時,「盛り上がって楽しいけれども,あまり成果が上がらないな」と感じたことはありませんか？ 実は,グループワークでは,一人ひとりが十分に力を発揮しない場合があるのです。これを,社会的手抜き（social loafing）と呼びます。

社会的手抜きは,他者が存在することによって,熱心に課題を遂行しようとする意欲が知らず知らずのうちに低下し,1人当たりの課題遂行量が減少してしまうことを意味し,社会的怠惰ともいいます。ラタネら（Latané, Williams, & Harkins, 1979）は,大きな拍手や大声での発声を他者とともに行う場合には,人数が増えるにつれて1人当たりの大きさが低下することを見出しました。

社会的手抜きのわかりやすい状況は,綱引きのような団体競技ではないでしょうか。綱引きでは,1人の時に出す力の量に比べ,2人,3人,4人…と,人数が増すほど1人当たりが出す力が減っていきます。これは,協同作業においては,個人のパフォーマンスや貢献度が評価されにくいために起こると考えられています。こうした現象は,身体活動に限らず,頭を使う活動においても生じることが予想されます。

また,社会的手抜きと関連して,多人数のメンバーからなるグループで1つの作業に取り組めば,ほとんど貢献しないフリーライダーすなわち「ただ乗り」するメンバーが出現しやすくなります。

グループワークでは,人数を多くし過ぎないことがポイントといえるでしょう。また,一人ひとりの役割分担を明確にしておくことも,社会的手抜きを防ぐ手立てとなります。

## Section 6

# 行動・環境・時間管理編

　前のセクションまでは,学習に関する認知や意欲,感情についてのメタ認知的知識を見てきました。しかし,もう1つ忘れてはならないのは行動です。学習行動がどのような要因によって影響を受けるのか,このことを知っておく必要があります。

　もちろん,私たち人間においては,行動は認知や意欲,感情と密接に関連しており,切り離すことは困難です。しかしながら,このセクションでは,特に行動に焦点を当てて,学習に関わる行動を左右するものは何かというメタ認知的知識を紹介することにしましょう。

第2部　メタ認知的知識を学習と教育に活かす

# 自分で自分を条件づけて学習行動を引き出すことができる

　好感度の高いタレントさんが宣伝している商品には，ついつい好感をもって買ってしまうということはありませんか？　これは，古典的条件づけ (classical conditioning) (Pavlov, 1927) の原理を利用した宣伝法です。特に何とも思っていなかったある商品が好きなタレントと条件づけられる（連合が形成される）ことにより，好きな商品となったのです。

　この原理を，学習にも活用する方法があります。Section 4 で，単純接触効果による好意の形成について述べましたが，古典的条件づけを用いても，学習への好感度を上げることができます。たとえば，自宅の勉強部屋を好きなインテリアで居心地のよい雰囲気にする，気に入った文具を使う，勉強好きな人と友達になるなどです。そうすることで，学習が好感情と結びつくため，以前よりも楽しくなると期待できます。

　上述のような古典的条件づけによる連合形成に加えて，道具的条件づけ (instrumental conditioning) (Skinner, 1938) を自分に行うことも可能です。そもそも道具的条件づけとは，賞（報酬）と罰による条件づけですが，この原理を自分で自分に使うのです。たとえば，「テキストをここまで読めたら，ご褒美としてお茶とお菓子で 30 分間のティータイムにしてよい」などの報酬や，「勉強をさぼったらおやつはなし」などの罰を自分で決めることによって，「がんばろう」という意欲を高めることができます。基準があまり厳しすぎると達成できず挫折感につながり，かえって意欲を失いますから，ほどほどのところで賞罰を決めておくことが効果的でしょう。自分で自分に対する賞罰を決めれば，他者に決められる場合とは異なり，副作用の心配はありません。

　このように，条件づけの原理を用いることで，自分で自分のやる気を引き出す自己動機づけが可能になります。

## 他の人が学ぶ様子を見ることは学習行動を促す

　図書館などで周りの人たちが熱心に勉強している様子を見ることで，自分も勉強がはかどったという経験はありませんか？　私たちは，他者の行動を観察するだけで，自然にその行動をとるようになることがあります。「朱に交われば赤くなる」という諺も，これに通じるものでしょう。このような観察による行動の獲得を観察学習（モデリング）と呼びます。

　バンデューラら (Bandura, Ross, & Ross, 1963) は，4歳前後の子どもたちを対象に実験を行い，このことを確認しました。空気を入れて膨らませた大きな空気人形を殴ったり蹴ったりする攻撃行動を子どもたちに見せたところ，子どもたちは早速そのまねをして，人形に暴力をふるって遊び始めたといいます。彼らの研究をきっかけに，テレビの暴力シーンを子どもに見せることについて，活発な議論が行われました。

　観察学習は子どもだけでなく，大人にも生じます。そして，攻撃行動に限らず広くさまざまな行動が観察学習の対象となります。学習行動もその1つと考えられます。そもそも私たちは，周りの他者の行動を見て，それに倣うことが多いものです。これは，「他の人と同じように振る舞っておけば安心だ」というように意識的に行う場合だけでなく，無意識的に，何となくそうしてしまうという場合も少なくありません。

　バンデューラらの実験では，ビデオに映った行動を観察しただけでも観察学習が成立したとのことです。したがって，図書館に出向いて熱心に勉強する人を目の当たりにすることができない場合は，とにかく雑誌やネットなどの媒体で，受験生たちが一生懸命学習する様子を見るだけでも効果があるのではないでしょうか。

第2部　メタ認知的知識を学習と教育に活かす

# 大変そうな学習も少しずつに分ければ楽にできる

　「500ページの参考書を読みなさい」と言われたら，たいていの人は引いてしまうのではないでしょうか。大変そうな（面倒な）内容を学習する時には，なかなか行動を起こしにくいものです。そのため，必要だと頭では理解していても，ついつい先延ばしにしてしまいがちです。

　これは最初の一歩が踏み出せないことによるものです。したがって，まずは一歩踏み出すことが肝心です。そこで，スモールステップの考え方が参考になります。スモールステップとは，学習者が挫折しないように，ゴールまでのステップを細かく分けて学習を進めていく方法です (Skinner, 1968)。

　たとえば，先ほどの500ページの参考書であれば，毎日10ページずつ50日に分けて読み進めていくことにすれば，負担感がずいぶん軽くなるでしょう。また，難しい内容を含んだ材料を学習する場合にも，いきなり難しい内容に入らず，易しい内容から始めて少しずつ小刻みに難しくしていくことも，これに該当します。小さなことでも，「達成できたこと」そのものが報酬となります。

　スモールステップの方法は，学習のみならず行動一般に活用できます。たとえば，部屋の片づけが苦手で，勉強部屋が散らかり放題となり，どこから手をつけてよいかわからなくなってしまったという状況にも役立ちます。まずは机の引き出しの1段目を片づける，次に2段目を片づける……，といった具合に，部屋全体の片づけ・掃除を最初から目指さず，小さな目標に分解し，少しずつではあっても着実に最終目標に向かうことで，最終目標への到達がかえって早まります。

　最初から大きな目標を立ててしまうと，失敗しがちです。苦手意識の強い内容を学習する場合にも，なるべく挫折を避け，やる気を損なわないように工夫を凝らすことが，学習の継続を容易にしてくれます。

Section 6　行動・環境・時間管理編

# とりあえず学習を始めれば，そのまま続けられる

　「さあ，そろそろ勉強を始めなければ」と思っても，なかなか気が進まず，とりかかれないといった経験はありませんか？　もう少しネットの記事を見てからなどと考えているうちに，次から次へとおもしろそうな記事が現れ，ふと気がつくと2時間も経っていた……というようなことは，実はそれほど珍しくはありません。

　そもそも，「ちょっとだけ」と思って始めたにもかかわらず，気づかぬうちに長時間それを続けてしまうということは，なぜ起こるのでしょうか？　これには，慣性の法則が関係しています。

　物理学でいう慣性の法則とは，ニュートンの運動の法則の1つで，運動の第一法則とも呼ばれます。そもそも慣性とは，運動の現状をそのまま保持しようとする物体の性質を指します。したがって，たとえばテーブルなどの平面上にある物体に外から力が加えられて水平方向に動き始めると，そのままずっと同じ方向に動き続けるのです。もちろん，現実世界ではテーブルの表面に摩擦力が働くため，物体はやがて止まるのですが。

　これと似た形で，行動にも慣性があると考えられます (Liu & Riyanto, 2017)。そのため，たとえ始めるまでには抵抗があったとしても，いったんある行動を開始すれば，今度はその行動を続けるほうが楽になり，むしろその行動を止めにくくなるのです。

　この行動の慣性 (behavioral inertia) を知っていれば，少し面倒な学習にもとりかかりやすくなるのではないでしょうか。たとえ気が進まなくとも，「ちょっとだけテキストを読んでおこう」と自分をなだめて読み始めると，ついつい読み続けてしまうという結果が期待できます。

第2部　メタ認知的知識を学習と教育に活かす

## 机が散らかっていると作業効率が落ちる

..................................................................................

　「机の上を片づけなさい！」と親から叱られたことはありませんか？　片づける理由はもちろん，「散らかっていたら勉強がしにくい」からです。さて，散らかった机では，本当に学習の作業効率が落ちるのでしょうか。

　これに関連した実験があります。鈴木ら(鈴木・三嶋・佐々木, 1997)は，図2-13のようにテーブルの上や周辺に雑多なものが置いてある複雑条件（散らかった条件）と，必要なもののみが置いてある単純条件(すっきり片づいた条件)とで，「①クリームと砂糖を入れたコーヒー，②クリームだけを入れたコーヒー，のそれぞれを1杯ずつ作る」という作業の淀みを調べました。ここでいう作業の淀みとは，途中で作業をまちがえそうになり慌てて軌道修正するといったことを指します。両条件を比べた結果，予想通り，雑多なものが置いてあるテーブルで作業を行った条件で淀みが多く発生しました。

　このことから，やはり作業環境は片づいていたほうがよいことがわかります。学習机に関しても同様のことがいえるでしょうから，まずは片づけたほうがよさそうです。

片づいた条件　　　　　　　　　散らかった条件

● 図2-13　単純条件と複雑条件のテーブル (鈴木ら, 1997より改変)

# 物理的な学習環境が学習効率を左右する

　私たちは，たとえ学習に不向きな環境であっても，慣れてしまえば，学習への負の影響をあまり感じなくなります。たとえば，いつも騒がしい場所で勉強している人は，それが当たり前になってしまい，騒がしさゆえに学習効率が低下していることに気づきにくい状態になっています。しかし，主観的には感じなくとも，実際には学習への妨害効果が生じている場合が多々あります。

　辻村・上野 (2010) は，「音声あるいは書面で呈示された，異常気象についてのニュースの内容を記憶した後，内容についての問題に解答する」という課題に対して，空調音や会話音といった騒音が妨害効果をもつことを示しました。また，同じ騒音であっても，会話音のほうが空調音よりも妨害効果が大きく，解答成績を低下させることがわかりました。

　また，金子ら (金子・村上・伊藤・深尾・樋渡・亀田，2007) は，学習に及ぼす空気環境および温度や湿度等の環境の影響を中心に調べました。学習効率についての，学習者による主観評価および客観評価（建築計画分野の授業で学習した内容についてのテスト成績）を調べたところ，空気環境の悪さ（空気の汚れや淀み，におい，ほこりっぽさ）および不快な温度・湿度等が，主観評価にも客観評価にも悪影響を及ぼしていました。

　さらにアーリックマンとバストン (Ehrlichman & Bastone, 1991) は，連想課題において3つの香りの効果を調べました。すると，好ましいとされるアーモンドの香りを嗅ぐ条件で成績が最もよく，次に水のにおい（無臭），酢酸のにおい（不快臭とされる）の順になっていました。

　こうした結果から，騒音，温度，湿度，においなどの物理的環境が学習効率を左右することがわかります。このような要因を可能な限り改善することで，よりよい学習環境を実現することが大切です。

# 学習計画がうまくいくためには,すべきことと所要時間の可視化が必要

「2週間後に複数科目のテストがある」ということで,慌てて準備を始めたところ,時間切れで十分に準備のできなかった科目が残ったという経験はありませんか？

こうした状況が起こることは,決して珍しくありません。というのも,私たちの脳には記憶容量の限界があるため,複数科目の折り合いをつけながら,学習計画を頭の中だけで立てることは困難だからです。

これからすべきことを覚えておくという記憶は,展望記憶（prospective memory）と呼ばれます。多忙で,すべきことがたくさんある時には,そのうちの1つ2つをついうっかり忘れてしまいがちです。頭の中の展望記憶だけでは心許ないため,その内容を可視化（外化）することが大切です。

学習計画には,短期のものと長期のものがありますが,いずれの計画にも,To-Doリスト（すべきことのリスト）と所要時間の見積りが役立ちます。また,すべきことがたくさんある場合には,優先順位を決める必要があります。こうした計画に加えて,自分の時間の使い方や時間の管理を常にモニターしておくことが大切です。

ブリトンとテッサー (Britton & Tesser, 1991) は,時間管理ができていることと大学の成績の間に,有意な相関を見出しています。つまり,時間管理がきちんとできている学生は,学業成績も高いということです。潜在的な能力が高くても,時間管理ができていなければ,レポートの提出期限にも間に合わず,また,準備不足の状態でテストを受けねばならず,結果として,成果を上げることはできないでしょう。

学習の成果を上げるためには,時間というリソースを上手に活用できているかをチェックしながら,常に計画を見直すことが必要です。

# 環境を変えれば学習行動が変わる

　「長時間学習に集中できないのは，性格が飽きっぽいからだ」「すぐに挫折するのは，意志が弱いからだ」——こうしたセリフを聞いたことはありませんか？ とかく私たちは，このように性格に原因を求めがちです。しかしながら，すべてを性格のせいにするだけでは，問題は解決しません。

　島宗（2010）は，性格を行動の原因ととらえることはまちがいの元であるとしています。ある人に友人が多く，初対面の人にも臆せず話しかけられるのは，外向的であるがゆえにそうするのではなく，そのように行動する傾向をまとめて「外向性」という名札をつけているにすぎないというのです。

　「性格」は，環境や状況の変化に影響を受けにくい，比較的安定した特性だと見なされていますが，彼はこうした見方に懐疑的です。類型や特性としての「性格」は名札として役立つこともある一方，その名札を使って人の心を理解したような気になり，そこで思考停止に陥ってしまえば，問題の原因や対処法もわからないままになりかねないと警鐘を鳴らしています。

　実はこうした考え方は，行動分析学に依拠しています。行動分析学とは，行動主義心理学者であるバラス・スキナーを始祖とする徹底的行動主義の立場に立つ心理学です。島宗によれば，この徹底的行動主義とは，動物や人間の行動を，環境との関わりから解明できるとの考え方に基づくものです。

　もちろん，私たち人間の学習は，動物の学習に比べるとはるかに複雑・多様であり，動物の学習と同列には論じられません。しかし，特に学習の行動的側面においては，私たち人間も環境からの影響を強く受けています。そのため，うまくいかないことを性格のせいにせず，環境に目を向けてみることが大切です。学習環境を改善することで学習行動がよい方向に変化する，というメタ認知的知識を，心に留めておくとよいでしょう。

# 引用文献

Arnold, M. M. (2013) Monitoring and meta-metacognition in the own-race bias. *Acta Psychologica, 144*, 380-389.
Asch, S. E. (1951) Effects of group pressure upon the modification and distortion of judgement. In H. Guetzkow (Ed.), *Groups, leadership and men*. Carnegie Press.
Aserinsky, E., & Kleitman, N. (1953) Regularly occurring periods of eye motility, and concomitant phenomena, during sleep. *Science, 118*, 273-274.
Atkinson, J. W., & Litwin, G. H. (1960) Achievement motive and test anxiety conceived as motive to approach success and motive to avoid failure. *Journal of Abnormal and Social Psychology, 60*, 1, 52-63.
Atkinson, R. C., & Shiffrin, R. M. (1968) Human memory: A proposed system and its control processes. In K. Spence & J. Spence (Eds.), *The psychology of learning and motivation*, vol.2. (pp.89-195). Academic Press.
Ausubel, D. P. (1960) The use of advance organizers in the learning and retention of meaningful verbal material. *Journal of Educational Psychology, 51*, 267-272.
Baddeley, A. D., & Hitch, G. (1974) Working memory. In G. H. Bower (Ed.), *The psychology of learning and motivation*, vol.8. (pp.47-89). Academic Press.
Bandura, A. (1971) *Social learning theory*. New York: General Learning Press.
Bandura, A. (1977) Self-efficacy: Toward a unifying theory of behavioral change. *Psychological Review, 84*, 191-215.
Bandura, A. (1986) *Social foundations of thought and action: A social cognitive theory*. Englewood.
Bandura, A. (1989) Human agency in social cognitive theory. *American Psychologist, 44* , 9, 1175-1184.
Bandura, A. (2001) Social cognitive theory: An agentic perspective. *Annual Review of Psychology, 52*, 1-26.
Bandura, A., Ross, D., & Ross, S. A. (1963) Imitation of film-mediated aggressive models. *Journal of Abnormal and Social Psychology, 66*, 1, 3-11.
Baron, J. (1995) Myside bias in thinking about abortion. *Thinking & Reasoning, 1*, 3, 221-235.
Baron-Cohen, S., O'Riordan, M., Stone, V., Jones, R., & Plaisted, K. (1999) Recognition of faux pas by normally developing children and children with asperger syndrome or high-functioning autism. *Journal of Autism and Developmental Disorders, 29*, 5, 407-418.
Baumeister, R. F., Bratslavsky, E., Muraven, M., & Tice, D. M. (1998) Ego depletion: Is the active self a limited resource? *Journal of Personality and Social Psychology, 74*, 5, 1252-1265.
Beaty, R. E., & Silvia, P. J. (2012) Why do ideas get more creative across time? An executive interpretation of the serial order effect in divergent thinking tasks. *Psychology of Aesthetics, Creativity, and the Arts, 6*, 4, 309-319. doi: 10.1037/a0029171
Beck, A. T. (1976) *Cognitive therapy and the emotional disorders*. International Universities Press. 大野　裕（訳）（1990）認知療法：精神療法の新しい発展　岩崎学術出版社
Blanchard, J. S. (1985) What to tell students about underlining...and why. *Journal of Reading, 29*, 3, 199-203.
Bower, G. H., & Clark, M. C. (1969) Narrative stories as mediators for serial learning. *Psychonomic Science, 14*, 4, 181-182.
Boyce, R., Glasgow, S. D., Williams, S., & Adamantidis, A. (2016) Causal evidence for the role of REM sleep theta rhythm in contextual memory consolidation. *Science. 352*, Issue 6287, 812-816. doi: 10.1126/science.aad5252.

引用文献

Britton, B. K., & Tesser, A. (1991) Effects of time-management practices on college grades. *Journal of Educational Psychology, 83*, 3, 405-410.

Brown, A. L., & Barclay, C. R. (1976) The effects of training specific mnemonics on the metamnemonic efficiency of retarded children. *Child Development. 47*, 1, 71-80.

Brown, A. L., & Smiley, S. S. (1977) Rating the importance of structual units of prose passages: A problem of metacognitive development. *Child Development, 48*, 1-8.

Butler, R. (1998) Determinants of help-seeking: Relations between perceived reasons for classroom help-avoidance and help-seeking behaviors in an experimental context. *Journal of Educational Psychology, 90*, 4, 630-643. doi:10.1037/0022-0663.90.4.630

Carmichael, L., Hogan, H. P., & Walter, A. A. (1932) An experimental study of the effect of language on the reproduction of visually perceived form. *Journal of Experimental Psychology, 15*, 73-86.

Cattell, R. B. (1963) Theory of fluid and crystallized intelligence: A critical experiment. *Journal of Educational Psychology, 54*, 1-22.

Chi, M. T. H., De Leeuw N., Chiu M. H., & Lavancher, C. (1994) Eliciting self-explanations improves understanding. *Cognitive Science, 18*, 439-477.

Cohen, G., & Faulkner, D. (1984) Memory in old age: 'good in parts'. *New Scientist, 11*, 49-51.

Collins, A. M., & Loftus, E. F. (1975) A spreading-activation theory of semantic processing. *Psychological Review, 82*, 6, 407-428.

Cosentino, S. (2014) Metacognition in Alzheimer's disease. In S. M. Fleming & C. D. Frith (Eds.), *The cognitive neuroscience of metacognition* (pp.389-407). Berlin: Springer.

Cowan, N. (2010) The magical mystery four: How is working memory capacity limited, and why? *Current Directions in Psychological Science, 19*, 1, 51-57. doi: 10.1177/0963721409359277

Craik, F. I. M., & Lockhart, R. S. (1972) Levels of processing: a framework for memory research. *Journal of Verbal Learning and Verbal Behavior, 11*, 671-684.

Craik, F. I. M., & Tulving, E. (1975) Depth of processing and the retention of words in episodic memory. *Journal of Experimental Psychology: General 104*, 3, 268-294.

Csikszentmihalyi, M. (1996) *Creativity: Flow and the psychology of discovery and invention*. New York: Harper Collins.

Deci, E. L. (1971) Effects of externally mediated rewards on intrinsic motivation. *Journal of Personality and Social Psychology, 18*, 105-115.

Deci, E. L. (1972) Intrinsic motivation, extrinsic reinforcement, and inequity. *Journal of Personality and Social Psychology, 22*, 1, 113-120.

Dewey, J. (1933) *How we think*. New York: Heath and Company.

Diamond, D. M., Campbell, A. M., Park, C. R., Halonen, J., & Zoladz, P. R. (2007) The temporal dynamics model of emotional memory processing: A synthesis on the neurobiological basis of stress-Induced amnesia, flashbulb and traumatic memories, and the Yerkes-Dodson Law. *Neural Plasticity*, 1-33, Art. 60803.

Dufresne, A., & Kobashigawa, A. (1989) Children's spontaneous allocation of study time: Differential and sufficient aspects. *Journal of Experimental Child Psychology, 47*, 274-296.

Duncker, K. (1945) On problem-solving. *Psychological Monograph, 58*, 270.

Durlak, J. A., Weissberg, R. P., Dymnicki, A. B., Taylor R. D., & Schellinger, K. B. (2011) The impact of enhancing students' social and emotional learning: A meta-analysis of school-based universal interventions. *Child Development, 82*, 1, 405-432.

Dweck, C. S. (1986) Motivational processes affecting learning. *American Psychologist, 41*, 10, 1040-1048.

Ehrlichman, H., & Bastone, L. (1991) Odor experience as an affective state: Effects of odor pleasantness on cognition. *Perfumer & Flavorist, 16*, 2, 11-12.

Ericsson, K. A., & Simon, H. A. (1980) Verbal reports as data. *Psychological Review, 87*, 3, 215-251.

Flavell, J. H. (1987) Speculations about the nature and development of metacognition. In F. E. Weinert & R. H. Kluwe (Eds.), *Metacognition, motivation, and understanding* (pp.21-29). Lawrence Erlbaum Associates.

Flavell, J. H., Friedrichs, A. G., & Hoyt, J. D. (1970) Developmental changes in memorization processes. *Cognitive Psychology, 1,* 324-340.

Fleming, S. M., & Dolan, R. J. (2012) The neural basis of metacognitive ability. *Philosophical Transactions of the Royal Society B: Biological Sciences, 367*, 1594, 1338-1349. doi.org/10.1098/rstb.2011.0417

Fox, E., & Riconscente, M. (2008) Metacognition and self-regulation in James, Piaget, and Vygotsky. *Educational Psychology Review, 20*, 373-389.

Frith, U. (1989) *Autism: Explaining the Enigma*. Basil Blackwell.

Fujihara, N., & Sannomiya, M. (2002) Does turn-taking behavior in a dialogue facilitate idea generation in learning? *International Journal of Learning, 9*, 1215-1220.

Gick, M. L., & Holyoak, K. J. (1980) Analogical problem solving. *Cognitive Psychology, 12*, 306-355.

Grossman, D. C., Neckerman, H. J., Koepsell, T. D., Liu, P. Y., Asher, K. N., Beland, K., Frey, K., & Rivara, F. P. (1997) Effectiveness of a violence prevention curriculum among children in elementary school: A randomized controlled trial. *Journal of the American Medical Association, 277*, 20, 1605-1611.

Harter, S., & Zigler, E. (1974) The assessment of effectance motivation in normal and retarded children. *Developmental Psychology, 10*, 2, 169-180.

Hiroto, D. S., & Seligman, M. E. P. (1975) Generality of learned helplessness in man. *Journal of Personality and Social Psychology, 31*, 2, 311-327.

Isarida, T. (2005) Study-time effect on free recall within and out of context. *Memory, 13*, 785-795.

伊藤貴昭・垣花真一郎（2009）説明はなぜ話者自身の理解を促すか：聞き手の有無が与える影響　教育心理学研究，*57*, 86-98.

Janis, I. L. (1972) *Victims of groupthink*. Boston: Houghton Mifflin.

Janis, I. L. (1982) *Groupthink: Psychological studies of policy decisions and fiascoes* (2nd ed.). Boston: Houghton Mifflin.

鹿毛雅治（2013）学習意欲の理論：動機づけの教育心理学　金子書房

Kahneman, D. (2011) *Thinking, fast and slow*. New York, NY: Farrar, Straus and Giroux.

上條吉人・藤田友嗣・臼井聖尊（2017）カフェイン含有製品の摂取後に救急搬送された患者の背景，臨床経過，予後などに関する後方視的多施設共同調査　中毒研究，*30*, 2, 194.

金子隆昌・村上周三・伊藤一秀・深尾　仁・樋渡　潔・亀田健一（2007）実験室実験による温熱・空気環境の質が学習効率に及ぼす影響の検討：学習環境におけるプロダクティビティ向上に関する研究（その2）　日本建築学会環境系論文，*611*, 45-52.

Kreutzer, M. A., Leonard, S. C., & Flavell, J. H. (1975) An interview study of children's knowledge about memory. *Monographs of the Society for Research in Child Development, 40*, 1-60.

Kruger, J., & Dunning, D. (1999) Unskilled and unaware of it: How difficulties in recognizing one's own incompetence lead to inflated self-assessments. *Journal of Personality and Social Psychology, 77*, 6, 1121-1134.

栗原　久（2016）日常生活の中におけるカフェイン摂取：作用機序と安全性評価　東京福祉大学大学院紀，*6*, 2, 109-125.

Latané, B., Williams, K., & Harkins, S. (1979) Many hands make light the work: The causes and consequences of social loafing. *Journal of Personality and Social Psychology, 37*, 6, 822-832.

Lepper, M. R., Greene, D., & Nisbett, R. E. (1973) Undermining children's intrinsic interest with extrinsic reward: A test of the "overjustification" hypothesis. *Journal of Personality and Social Psychology, 28*, 1, 129-137.

引用文献

Liu, J., & Riyanto, Y. E. (2017) The limit to behavioral inertia and the power of default in voluntary contribution games. *Social Choice and Welfare, 48*, 815-835.

Lochhead, J., & Whimbey, A. (1987) Teaching analytical reasoning through thinking aloud pair problem solving. *New Directions for Teaching and Learning, 30*, 73-92.

Loftus, E. F. (1975) Leading questions and the eyewitness report. *Cognitive Psychology, 7*, 560-572.

Luchins, A. S. (1942) Mechanization in problem-solving: The effect of Einstellung. *Psychological Monographs, 54*, 6, 248

Markman, E. M. (1977) Realizing that you don't understand: A preliminary investigation. *Child Development, 46*, 986-992.

Matthews, G., Zeidner, M., & Roberts, R. D. (2005) Emotional intelligence: An elusive ability? In O. Wilhelm & R. W. Engle (Eds.), *Handbook of understanding and measuring intelligence* (pp.79-99). London: Sage Publications.

Mayer, J. D., Salovey, P., & Caruso, D. R. (2000) Models of emotional intelligence. In R. J. Sternberg (Ed.), *Handbook of human intelligence* (2nd ed.) (pp.396-422). New York: Cambridge University Press.

Metcalfe, J., & Greene, M. J. (2007) Metacognition of agency. *Journal of Experimental Psychology: General, 136*, 184-199.

Miller, G. A. (1956) The magical number seven, plus or minus two: Some limits on our capacity for processing information. *Psychological Review, 63*, 2, 81-97.

永野重史（1985）道徳性の発達と教育：コールバーグ理論の展開　新曜社

Murdock, B. B., Jr. (1962) The serial position effect of free recall. *Journal of Experimental Psychology, 64*, 5, 482-488.

Nelson, T. O., & Narens, L. (1994) Why investigate metacognition? In J. Metcalfe & A. P. Shimamura (Eds.), *Metacognition* (pp.1-25). The MIT Press.

西田裕紀子（2016）高齢期における知能の加齢変化〈特集 高齢者の心理〉*Aging & Health, 25,* 79, 16-19.

Osborn, A. F. (1953) *Applied Imagination: Principles and procedures of creative problem solving.* New York: Charles Scribner's Sons.

Paivio, A. (1971) *Imagery and verbal processes.* New York: Holt, Rinehart, and Winston.

Palincsar, A. S., & Brown, A. L. (1984) Reciprocal teaching of comprehension-fostering and comprehension-monitoring activities. *Cognition and Instruction, 1*, 2, 117-175.

Parnes, S. J. (1961) Effects of extended effort in creative problem solving. *Journal of Educational Psychology, 52*, 3, 117-122.

Pavlov, I. P. (1927) *Conditioned reflexes: An investigation of the physiological activity of the cerebral cortex.* In G. V. Anrep (Trans. and Ed.). London: Oxford University Press.

Penfield, W., & Evans, J. (1935) The frontal lobe in man: A clinical study of maximum removals. *Brain, 58*, 115-133.

Pennebaker, J. W., & Beall, S. K. (1986) Confronting a traumatic event: Toward an understanding of inhibition and disease. *Journal of Abnormal Psychology, 95*, 3, 274-281.

Piaget, J. (1970) *L'épistémologie génétique.* Presses Universitaires de France. 滝沢武久（訳）（1972）発生的認識論　白水社

Piaget, J., & Inhelder, B. (1948) *La représentation de l'espace chez l'enfant.* F. L. Langdon & J. L. Lunzer (Trans.) (1956) *The child's conception of space.* Routledge and Kegan Paul.

Premack, D., & Woodruff, G. (1978) Does the chimpanzee have a theory of mind? *The Behavioral and Brain Sciences, 4*, 515-526.

Pretz, J. E., & Sternberg, R. J. (2005) Unifying the field: Cognition and intelligence. In R. J. Sternberg & J. E. Pretz (Eds.), *Cognition and intelligence* (pp.306-318). New York: Cambridge University Press.

Ritter, S. M., & Ferguson, S. (2017) Happy creativity: Listening to happy music facilitates divergent thinking. *PLoS ONE, 12* (9), e0182210. doi: org/10.1371/journal.pone.0182210

Robinson, F. P. (1961) *Effective study*. New York: Harper & Brothers, Publishers.

Roediger III, H. L., & Karpicke, J. D. (2006) The Power of testing memory: Basic research and implications for educational practice. *Perspective on Psychology Science, 1*, 3, 181-210. doi: 10.1111/j.1745-6916.2006.00012.x.

Rogers, T. B., Kuiper, N. A., & Kirker, W. S. (1977) Self-reference and the encoding of personal information. *Journal of Personality and Social Psychology, 35*, 9, 677-688.

Rotter, J. B. (1966) Generalized expectancies for internal versus external control of reinforcement. *Psychological Monographs: General and Applied, 80*, 1, 1-28 Whole No. 609.

Ryan, R. M., & Deci, E. L. (2000) Self-determination theory and the facilitation of intrinsic motivation, social development, and well-being. *American Psychologist, 55*, 1, 68-78. doi: 10.1037110003-066X.55.1.68

Salthouse, T. A. (2004) What and when of cognitive aging. *American Psychological Society, 13*, 4, 140-144.

Sannomiya, M. (1982) The effect of presentation modality on text memory as a function of difficulty level. *The Japanese Journal of Psychonomic Science, 1*, 2, 85-90.

三宮真智子（2004）コプレゼンス状況における発想支援方略としてのあいづちの効果：思考課題との関連性　人間環境学研究，*2*, 1, 23-30.

三宮真智子（2007）メタ認知を促す「意見文作成授業」の開発：他者とのコミュニケーションによる思考の深化を目指して　鳴門教育大学高度情報研究教育センターテクニカルレポート，No. 1.

三宮真智子（2008）メタ認知研究の意義と課題　三宮真智子（編著）メタ認知：学習力を支える高次認知機能（pp.1-16）北大路書房

三宮真智子（2016）判断の歪みを生む不適切なメタ認知的知識を問い直す　大阪大学大学院人間科学研究科紀要，*42*, 235-254.

Sannomiya, M., Kawaguchi, A., Yamakawa, I., & Morita, Y. (2003) Effect of backchannel utterances on facilitating idea-generation in Japanese think-aloud tasks. *Psychological Reports, 93*, 41-46.

Sannomiya, M., & Ohtani, K. (2015) Does a dual-task selectively inhibit the metacognitive activities in text revision. *Thinking Skills and Creativity, 17*, 25-32.

Sannomiya, M., Shimamune, S., & Morita, Y. (2000) Creativity training in causal inference: The effects of instruction type and presenting examples. Poster session presented at the 4th International Conference on Thinking, University of Durham.

Sannomiya, M., & Yamaguchi, Y. (2016) Creativity training in causal inference using the idea post-exposure paradigm: Effects on idea generation in junior high school students. *Thinking Skills and Creativity, 22*, 152-158.

三宮真智子・吉倉和子（2012）冗長な口頭説明はどのようにメモされ伝達されるのか　大阪大学教育学年報，17, 15-30.

Schooler, J. W., Ohlsson, S., & Brooks, K. (1993) Thoughts beyond words: When language overshadows insight. *Journal of Experimental Psychology: General, 122*, 2, 166-183.

Schraw, G., & Moshman, D. (1995) Metacognitive theories. *Educational Psychology Review, 7* (4), 351-371.

Schunk, D. H. (1995) Self-efficacy and education and instruction. In J. E. Maddux (Ed.), *Self-efficacy, adaptation, and adjustment: Theory, research, and application* (pp.281-303). New York: Plenum.

Schön, D. A. (1984) Leadership as reflection-in-action. In T. J. Sergiovanni & J. E. Corbally (Eds.), *Leadership and organizational culture* (pp.36-63). University of Illinois Press.

Seipp, B. (1991) Anxiety and academic performance: A meta-analysis of findings. *Anxiety Research, 14*, 1, 27-41. doi:10.1080/08917779108248762

Seligman, M. P., & Maier, S. F. (1967) Failure to escape traumatic shock. *Journal of Experimental Psychology, 74*, 1, 1-9.

引用文献

Shin, H. E., Bjorklund, D. F., & Beck, E. F. (2007) The adaptive nature of children's overestimation in a strategic memory task. *Cognitive Development, 22*, 197-212.

島宗　理（2010）人は，なぜ約束の時間に遅れるのか：素朴な疑問から考える「行動の原理」　光文社

Skinner, B. F. (1938) *The behavior of organisms.* New York.

Skinner, B. F. (1968) *The technology of teaching.* New York: Appleton-Century-Crofts.

Slamecka, N. J., & Graf, P. (1978) The generation effect: Delineation of a phenomenon. *Journal of Experimental Psychology: Human Learning and Memory, 4*, 6, 592-604.

Stein, B. S., Bransford, J. D., Franks, J. J., Vye, N. J., & Perfetto, G. A. (1982) Differences in judgments of learning difficulty. *Journal of Experimental Psychology: General, 111*, 4, 406-413.

Sternberg, R. J. (1985) *Beyond IQ: A triarchic theory of human intelligence.* New York: Cambridge University Press.

Sternberg, R. J. (1986) *Intelligence applied: Understanding and increasing your intellectual skills.* San Diego: Harcourt Brace Jovanovich.

Sternberg, R. J. (2018) Theories of intelligence. APA *Handbook of giftedness and talent*, S. I. Pfeiffer (Editor-in-Chief).

Sternberg, R. J., & Berg, C. A. (1986) Quantitative integration: Definitions of intelligence: A comparison of the 1921 and 1986 symposia. In R. J. Sternberg & D. K. Detterman (Eds.), *What is intelligence?: Contemporary viewpoints on its nature and definition* (pp.155-162). New Jersey: Ablex Publishing Corporation.

鈴木健太郎・三嶋博之・佐々木正人（1997）アフォーダンスと行為の多様性：マイクロスリップをめぐって　日本ファジィ学会誌, *9*(6), 826-837.

鈴木博之・内山　真（2006）睡眠と記憶向上　*Brain Medical, 18*, 1, 73-79.

Szpunar, K. K., McDermott, K. B., & Roediger III, H. L. (2007) Expectation of a final cumulative test enhances long-term retention. *Memory & Cognition, 35*, 5, 1007-1013.

滝沢武久（1971）知能指数：発達心理学からみた IQ　中央公論新社

Tan, J., Biswas, G., & Schwartz, D. (2006) Feedback for metacognitive support in learning by teaching environments. *The 28th Annual Meeting of the Cognitive Science Society*, 828-833.

田中　裕（2006）「読書百遍義自ら見る」は正しいか　神戸山手短大紀要, *49*, 67.

Teasdale, J. D., Moore, R. G., Hayhurst, H., Pope, M., Williams, S., & Segal, Z. V. (2002) Metacognitive awareness and prevention of relapse in depression: Empirical evidence. *Journal of Consulting and Clinical Psychology, 70*, 275-287.

Thurstone, L. L. (1938) Primary mental abilities. *Psychometric Monograph*, No.1. Chicago: University of Chicago Press.

Tierney, P., & Farmer, S. M. (2002) Creative self-efficacy: Its potential antecedents and relationship to creative performance. *The Academy of Management Journal, 45*, 6, 1137-1148.

Treisman, A. M. (1964) Verbal cues, language, and meaning in selective attention. *The American Journal of Psychology, 77*, 2, 206-219.

辻村壮平・上野佳奈子（2010）教室内音環境が学習効率に及ぼす影響　日本建築学会環境系論文集, *75*(653), 561-568.

Tversky, A., & Kahneman, D. (1971) Belief in the law of small numbers. *Psychological Bulletin, 76*, 2, 105-110.

Tversky, A., & Kahneman, D. (1974) Judgment under uncertainty: Heuristics and biases. *Science, New Series, 185*, 4157, 1124-1131.

内井惣七（2002）科学の倫理学　（現代社会の倫理を考える〈6〉）丸善

魚崎祐子・伊藤秀子・野島英一郎（2003）テキストへの下線ひき行為が内容把握に及ぼす影響　日本教育工学会論文誌, *26*, 4, 349-359.

Veenman, M. V. J., Kok, R., & Bloete, A. W. (2005) The relation between intellectual and metacognitive skills in early adolescence. *Instructional Science, 33*, 193-211.

Veronese, C., Richards, J. B., Pernar, L., Sullivan, A. M., & Schwartzstein, R. M. (2013) A randomized pilot study of the use of concept maps to enhance problem-based learning among first-year medical students. *Medical Teacher, 35*, 9, e1478-e1484.

von Restorff, H. (1933) Über die Wirkung von Bereichsbildungen im Spurenfeld [The effects of field formation in the trace field]. *Psychologische Forschung [Psychological Research]* (in German) *18*, 1, 299-342.

Vygotsky, L. S. (1934) *Thought and language.* 柴田義松（訳）（2001）〈新訳版〉思考と言語　新読書社

Wallas, G. (1926) *The art of thought.* London: Watts.

Wason, P. C. (1960) On the failure to eliminate hypotheses in a conceptual task. *The Quarterly Journal of Experimental Psychology, 12*, 3, 129-140.

Wason, P. C. (1968) Reasoning about a rule. *The Quarterly Journal of Experimental Psychology, 20*, 3, 273-281.

渡邊正孝（2008）メタ認知の神経科学的基礎　三宮真智子（編著）メタ認知：学習力を支える高次認知機能（pp.207-225）　北大路書房

Weiner, B., Frieze, I., Kukla, A., Reed, I., Rest, S. A., & Rosenbaum, R. M. (1971) *Perceiving the cause of success and failure.* New York: General Learning Press.

Weisberg, R. W. (1986) *Creativity: Genius and other myths.* New York: Freeman.

Wells, A. (2009) *Megacognitive therapy for anxiety and depression.* 熊野宏昭・今井正司・境泉　洋（監訳）（2012）メタ認知療法：うつと不安の新しいケースフォーミュレーション　日本評論社

Wertheimer, M. (1923) Untersuchungen zur Lehre von der Gestalt II, in *Psychologische Forschung, 4*, 301-350. W. Ellis, (Trans.) (1938) Laws of organization in perceptual forms. *A source book of Gestalt psychology.* 71-88 London, Routledge & Kegan Paul.

Wertsch, J. V., McNamee, G. D., McLane, J. B., & Budwig, N. A. (1980) The adult-child dyad as a problem-solving system. *Child Development, 51*, 1215-1221.

Wolfson, A. R., & Carskadon, M. A. (1998) Sleep schedules and daytime functioning in adolescents. *Child Development, 69*, 4, 875-887.

Yamaguchi, Y., & Sannomiya, M. (2012) Beliefs and attitudes about creativity among Japanese university students. *Creativity and Human Development, 14*, 9, 1-11.

山口洋介・三宮真智子（2013）タイピング思考法の開発とその有効性の検討　日本教育工学会論文誌, *37*, 113-116.

Yerkes, R. M., & Dodson, J. D. (1908) The relation of strength of stimulus to rapidity of habit-formation. *Journal of Comparative Neurology and Psychology, 18*, 459-482.

Zajonc, R. B. (1968) Attitudinal effects of mere exposure. *Journal of Personality and Social Psychology. Monograph Supplement, 9*, 2, 1-27.

Zimmerman, B. J. (1989) A socio-cognitive view of self-regulated academic learning. *Journal of Educational Psychology, 81*, 329-339.

Zimmerman, B. J. (1990) Self-regulated learning and academic achievement: An overview. *Educational Psychologist, 25*, 3-17.

Zimmerman, B. J. (1994) Dimensions of academic self-regulation: A conceptual framework for education. In D. H. Schunk & B. J. Zimmerman (Eds.), *Self-regulation of learning and performance: Issues and educational applications* (pp.3-21). Hillsdale, NJ: Lawrence Erlbaum Associates.

Ziv, A. (1976) Facilitating effects of humor on creativity. *Journal of Educational Psychology, 68*, 3, 318-322.

Zuckerman, M., Porac, J., Lathin, D., Smith, R., & Deci, E. L. (1978) On the importance of self-determination for intrinsically-motivated behavior. *Personality and Social Psychology Bulletin, 4*, 3 443-446.

索 引

● あ ──
アクティブ・ラーニング　41, 92
アンカリング効果　111
アンダーマイニング効果　63, 129

● い ──
維持リハーサル　90
意味ネットワーク　89
因果関係　117

● う ──
裏命題　108

● え ──
援助要請　49

● か ──
回帰　117
外言　40
外的統制　130
外発的動機づけ　61, 127
拡散的思考　144
学習性無力感　128
確証バイアス　113
獲得された無力感　128
仮説　113
構えの効果　107
観察学習（モデリング）　155

感情　64
感情の知能　64

● き ──
機能的固着　106
機能的自律性　127
気分誘導　136
逆命題　108
逆行干渉　87
協同学習　40
協同思考　147

● く ──
偶発学習　76
群化法則　83

● け ──
系列位置効果　87
結晶性知能　58
言語隠蔽効果　97

● こ ──
行為主体性　52, 134
行動の慣性　157
行動分析学　161
心の理論　32
誤信念課題　32
固定的知能観　132

古典的条件づけ　154
コンセプトマップ　98

● さ ───
最頻値　116
サクセスフル知能理論　58
三段論法　109

● し ───
自我消耗　133
思考の外化　121
自己開示　139
自己観察　53
自己効力感　53, 125
自己準拠効果　91
自己生成効果　92
自己説明効果　142
自己選択効果　92
自己中心性　30
自己調整　41, 52
自己調整学習　52
自己判断　53
自己反応　53
失言課題　34
視点取得　30
社会的手抜き　151
集団浅慮　149
習得目標　132
循環的因果関係　117
順行干渉　87
小数の法則　112
処理レベルの効果　90
神経画像法　50

● す ───
遂行目標　132

随伴性　128
ストーリー記憶術　95
スモールステップ　156

● せ ───
省察　25
省察的思考　25
省察的実践家　25
精緻化リハーサル　90
セカンドステップ　65
近接の要因　83
先行オーガナイザー　99
選択的注意　80
前頭前野　50
前頭前野外側部　51
前頭前野眼窩部　51
前頭前野内側部　51

● そ ───
相関関係　117
相互教授　41
創造性　119
創造性神話　119
創造的思考　119, 143
創造的な問題解決　106
増大的知能観　132

● た ───
対偶命題　108
代表値　116
大数の法則　112
タイピング思考法　121
他者調整　41
ダニング・クルーガー効果　102
短期記憶　86
探究的な学習　105

171

索 引

単純接触効果　135

● ち ───

知能　56
知能指数　57
知能の多因子説　57
中央値　116
長期記憶　86

● て ───

定義の不明確な問題　49
定義の明確な問題　48
テスト期待効果　103
テスト効果　103
テスト不安　137
展望記憶　160

● と ───

動機づけ　60
道具的条件づけ　154
同調　150
トップダウン処理　99

● な ───

内言　40
内的統制　130
内発的動機づけ　61, 127

● に ───

二重課題　46
二重符号化理論　93
認知　12
認知行動療法　67
認知資源　46

認知心理学　12
認知負荷　49
認知療法　67

● の ───

ノンレム睡眠　75

● は ───

発想トレーニング　145
発話交替　146
発話思考法　121

● ひ ───

筆記開示　139
非認知的な要因　123

● ふ ───

フィネアス・ゲージ　47
フォンレストルフ効果　88
フリーライダー　151
ブレインストーミング法　143
フロー状態　82
文脈依存効果　96

● へ ───

平均値　116
閉合の要因　83

● ほ ───

放射線問題　114

## ●ま───

マイサイドバイアス　148


## ●め───

命題論理　108
メタ学習　13
メタ記憶　26
メタ認知　14
メタ認知的活動　20
メタ認知的コントロール　20
メタ認知的信念　69
メタ認知的知識　15, 16
メタ認知的モニタリング　20
メタ認知療法　69
メタメタ認知　69
メタ理解　28


## ●も───

モダリティ効果　101


## ●や───

ヤーキーズ・ドッドソンの法則　77


## ●よ───

要塞問題　114
用途考案課題　124


## ●ら───

楽観　138


## ●り───

リフレクション　25
リフレクティヴ・プラクティショナー　25


流動性知能　58
利用可能性バイアス　110


## ●れ───

レム睡眠　75


## ●ろ───

ロボトミー　47


## ●わ───

ワラスの4段階　81


## ●欧文───

fMRI（functional magnetic resonance imaging）
　50
IPE（idea post-exposure）メソッド　147
LBT（learning by teaching）　142
PBL（problem-based learning）　105
PBL（project-based learning）　105
PET（positron emission tomography）　50
SQ3R　100
To-Doリスト　49, 160

## 【著者紹介】

### 三宮真智子 （さんのみや・まちこ）

大阪大学人間科学部卒業。同大学院人間科学研究科博士後期課程単位取得満期退学。学術博士（大阪大学）。鳴門教育大学助手・講師・助教授・教授，大阪大学教授を経て，現在大阪大学名誉教授，鳴門教育大学名誉教授。専門は，認知心理学，教育心理学，教育工学。

〈主な著書・論文〉

『考える心のしくみ：カナリア学園の物語』（単著）北大路書房　2002 年

『メタ認知：学習力を支える高次認知機能』（編著）北大路書房　2008 年

『教育心理学』（編著）学文社　2010 年

『誤解の心理学：コミュニケーションのメタ認知』（単著）ナカニシヤ出版　2017 年

Does a dual-task selectively inhibit the metacognitive activities in text revision? *Thinking Skills and Creativity, 7,* 25-32. 2015 年（共著）

Creativity training in causal inference using the idea post-exposure paradigm: Effects on idea generation in junior high school students. *Thinking Skills and Creativity, 22,* 152-158. 2016 年（共著）

Creativity training for multifaceted inferences of reason behind others' behaviors. *Thinking Skills and Creativity, 39,* Article 100757. 2021 年（共著）

# メタ認知で〈学ぶ力〉を高める

### 認知心理学が解き明かす効果的学習法

| | |
|---|---|
| 2018 年 9 月 20 日　初版第 1 刷発行 | 定価はカバーに表示 |
| 2024 年 9 月 20 日　初版第 8 刷発行 | してあります。 |

著　者　三 宮 真 智 子
発行所　㈱北 大 路 書 房
　　　　〒 603-8303　京都市北区紫野十二坊町 12-8
　　　　電　話　(075) 431-0361 ㈹
　　　　F A X　(075) 431-9393
　　　　振　替　01050-4-2083

編集・製作　本づくり工房　T.M.H.
印刷・製本　創栄図書印刷（株）

ISBN 978-4-7628-3037-2　　　　　　Printed in Japan© 2018
検印省略　落丁・乱丁本はお取替えいたします。

・ JCOPY 〈㈳出版者著作権管理機構 委託出版物〉
本書の無断複写は著作権法上での例外を除き禁じられています。
複写される場合は，そのつど事前に，㈳出版者著作権管理機構
（電話 03-5244-5088,FAX 03-5244-5089,e-mail: info@jcopy.or.jp）
の許諾を得てください。

## メタ認知
### 学習力を支える高次認知機能

三宮真智子 編著

A5 判　268 頁　本体 3000 円＋税
ISBN978-4-7628-2622-1

学習に関するメタ認知研究について，認知心理学，教育心理学，学習心理学，発達心理学，言語心理学，臨床心理学，障害児心理学，神経心理学といった多岐に渡る研究領域を視野に入れ，現状と可能性を論じる。学術的な内容をわかりやすく解説し，日常の学習場面においてメタ認知を活用するための示唆を提供する専門書。

## メタ認知 基礎と応用

J. ダンロスキー,
J. メトカルフェ　著
湯川良三，金城 光，
清水寛之　訳

A5 判　320 頁
本体 3500 円＋税
ISBN978-4-7628-2714-3

メタ認知研究の歴史から現在の到達点まで，特に記憶に関わる領域を概観する。押さえておきたい基礎的事項である，既知感，TOT 状態，学習判断，確信度判断，ソース判断について詳説。また，応用として，目撃証言，教育場面への適用や高齢期へのメタ認知的アプローチにまで展開。メタ認知研究の進展を企図した研究必携書。

## メタ認知の促進と育成
### 概念的理解のメカニズムと支援

深谷達史　著

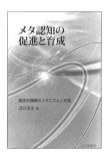

A5 判上製　212 頁
本体 3200 円＋税
ISBN978-4-7628-2925-3

教科を越えて育成すべき「学ぶ力」を，いかに高められるか。本書では，概念的な事柄を学習する際，メタ認知の「促進」と「育成」という切り口から各研究を位置づけ直す。子どもの思考をアクティブに働かせるためにどのような働きかけが求められるかを「オンライン／オフライン」という枠組を用いて分析した教育実践研究書。